わが人生 3

◉横浜高校教諭
渡辺元智

いつも滑り込みセーフ

神奈川新聞社

活躍するOB

相川英明

◎1983（昭和58）～1985（昭和60）年
1985（昭和60）年、選抜大会出場。
初戦の倉敷商戦で完封勝利
甲子園出場▶春1回1985（昭和60）年

永川英植（故人）

◎1972（昭和47）～1974（昭和49）年
1973（昭和48）年、選抜大会初出場初優勝に貢献
甲子園出場▶春2回 1973・1974（昭和48・49）年

愛甲猛

◎1978（昭和53）～1980（昭和55）年
1980（昭和55）年、夏の選手権大会初優勝に投打で活躍
甲子園出場▶夏2回1978（昭和53）・1980（昭和55）年

多村仁

◎1992（平成4）〜1994（平成6）年

1994（平成6）年、春・夏の甲子園に5番打者として出場

甲子園出場▶春・夏各1回1994（平成6）年

鈴木尚典

◎1988（昭和63）〜1990（平成2）年

1989（平成元）年、2年生で夏の選手権大会に4番打者として出場

甲子園出場▶夏1回1989（平成元）年

阿部真宏

◎1994（平成6）〜1996（平成8）年

1996（平成8）年、春・夏甲子園で好守の4番打者として活躍

甲子園出場▶春1回1996（平成8）年
夏2回1994・1996（平成6・8）年

斉藤宜之

◎1992（平成4）〜1994（平成6）年

1994（平成6）年、春・夏甲子園で多村らとともに主軸として活躍した

甲子園出場▶春2回1993・1994（平成5・6）年
夏1回1994（平成6）年

松坂大輔

◎1996（平成8）～1998（平成10）年

1998（平成10）年、春・夏甲子園、かながわ国体、前年秋の明治神宮大会を制し4冠達成に貢献した“平成の怪物”。夏の甲子園決勝（対京都成章戦）で決勝戦では57年ぶりとなるノーヒット・ノーランを達成した

甲子園出場▶春・夏各1回　1998（平成10）年

小池正晃

◎1996（平成8）～1998（平成10）年

1998（平成10）年、松坂らと高校4冠を達成。夏の甲子園3回戦（対星稜戦）で先頭打者ホームランを放つ

甲子園出場▶春・夏各1回　1998（平成10）年

成瀬善久

◎2001（平成13）～2003（平成15）年

2003（平成15）年、選抜大会にエースとして出場し、準優勝に貢献

甲子園出場▶春1回2003（平成15）年

涌井秀章

◎2002（平成14）～2004（平成16）年

2003年春はリリーフとして、2004年夏はエースとして甲子園で見事な投球を見せた。2004年夏は4試合で40奪三振の好投

甲子園出場▶春1回2003（平成15）年、夏1回2004（平成16）年

松井光介

◎1994（平成6）～1996（平成8）年

1996（平成8）年、春・夏甲子園でエースとして気迫ある投球を見せた

甲子園出場▶春・夏各1回　1996（平成8）年

1回戦……………履正社（大阪）

	1	2	3	4	5	6	7	8	9	計
横　浜	0	0	0	0	0	1	0	0	0	1
履正社	0	0	0	0	0	0	0	0	0	0

2006年3月24日　阪神甲子園球場

横浜：川角-福田
履正社：魚谷-土井

1-0、投手戦を制しガッツポーズのエース川角投手

六回表、高濱のタイムリーで三走岡田が生還、笑顔でベンチへ

3年ぶりの選抜初戦でベンチから指示を出す渡辺監督

四回表、6番下水流がライトへ三塁打を放つ

2回戦……八重山商工（沖縄）

	1	2	3	4	5	6	7	8	9	計
横　浜	0	0	1	6	0	0	0	0	0	7
八重山商工	0	0	0	0	0	1	0	5	0	6

2006年3月29日　阪神甲子園球場

横浜：川角、浦川-福田
八重山商工：金城 長、大嶺-友利

四回表、八重山・大嶺投手の暴投で三走に続き、二走の岡田も生還

1点差で逃げ切り、勝利の瞬間ナインに笑顔がこぼれる

準々決勝……早稲田実（東京）

早稲田実	0 0 0 0 0 0 3 0 0	3
横　浜	2 0 4 0 7 0 0 0 X	13

2006年3月31日　阪神甲子園球場

早稲田実：斉藤、関本、塚田、斉藤-白川
横浜：川角、浦川、西嶋-福田

初回、5番下水流が左中間にタイムリー二塁打を放つ

三回裏、4番に入った佐藤がセンター前にタイムリーを放つ

五回裏、不振だった主砲・福田が今大会初安打、初打点

四回裏、2番古城が二塁打で出塁

準決勝………岐阜城北（岐阜）

横　浜	005600001	12
岐阜城北	000001120	4

2006年4月3日　阪神甲子園球場

横浜：川角、西嶋、落司、浦川-福田
岐阜城北：尾藤、山下、種田、太田-水川

三回表、二死から1番白井の打球は
右翼線へ飛び、ランニング本塁打となる

四回表、越前の
左前打で高木が生還

決勝戦最多得点記録となる21-0の大差で
優勝を決めた瞬間

決勝戦……………清峰（長崎）

横　浜	0	3	1	2	0	9	0	2	4	21
清　峰	0	0	0	0	0	0	0	0	0	0

2006年4月4日　阪神甲子園球場

横浜：川角、浦川-福田
清峰：有迫、富尾、有迫、佐々木、
木原-田辺、大田、内山

上／全員野球で選抜制覇！監督を胴上げし
笑顔のナイン　中／8年ぶり3度目の優勝
を決め、号泣する福田主将をナインが囲む
下／紫紺の優勝旗を手にする福田主将を
先頭に場内を一周

大会を通じて、走・攻・守すべてにおいて活躍
した高濱はこの試合も6打数4安打5打点

目次

第一部　「いつも滑り込みセーフ」

・本書は神奈川新聞「わが人生」欄に平成十八（二〇〇六）年一月一日から七十回にわたって連載された原稿に加筆・修正したものです。

第一章　野球との出会い

1

野球が大好きで、私はこの道に入った。私から野球を取ったら、土木の現場で働くしかない。事実、その通りになったことがある。野球に挫折してフィールドを離れたとき、私は小松製作所（現・コマツ）の下請け工事現場でブルドーザーを修理し、動かしながら、酒浸り、けんかに明け暮れる日々を送った。相手に刃物で立ち向かいかけて、仲間に止められたことさえあった。

第二の道も決して嫌いではなかったが、前向きに生きられなかったということは、私には野球しかなかったということなのだろう。それだけに、かつて自分が学び、籍を置いた横浜高校の野球部のコーチに招かれたとき、地獄から呼び戻された思いだった。

しかし、そこも地獄だった。当時の母校はバッジを見ればだれもが避けて通るというほど、ものすごく荒れていた。それでも、野球をやって生きられる喜びが、私の心の中では勝っていた。一度、手放した経験があるだけに、野球にしがみつく私の執念はまさに鬼ではなかったかと思う。

放課後を迎え、胸を躍らせてフィールドに出た最初の日、いきなり野球部員に囲まれた。

「ちょっと、顔を貸せ」

私は来たなという思いで裏山に付き合った。彼らが小さいときの私に見えた。しかし、工事現場で荒れていた私より、野球がやれるだけ彼らのほうがまだましに見えた。

「お前ら、何やってやがんだ」

あのとき、私が弱腰だったら、今日はなかった。

大小さまざまな転機を経験しただけに、以来、私は野球を技術だけとは受けとめなくなった。

スポーツだから勝つことが最大の目標だが、野球には一冊になるほどの細かいルールがある。ルールを熟知し、勝ちにつなげる方法は、それだけでも複雑多岐にわたる。極めるといったゴールはない、と私は考えている。

教える立場からいうと、毎年、野球部から巣立つ部員がいる。プロ野球にスカウトされる者、大学野球に進む者、社会人野球に入る者、野球から落ちこぼれてまったく違う人生を歩んでいく者。入れ替わりに入る新人たち。そのすべてに贈る私の言葉はいつも決まっている。

「人生の勝利者たれ」

高校生の部員にとっては野球の勝ち負けだけが人生のすべてではないという意味である。横浜高校のフィールドにコーチとして初めて立ち、猛者に取り囲まれたあの瞬間に、その言葉が私の胸に胚胎《はいたい》した。

しかし、当時は自分のためにだけ、その言葉はあった。猛者どものことを考える余裕など、私にはかけらもなかった。こいつらを何とかしないかぎり、俺の明日はないのだとの思いで、彼らに体当たりしていくほかなかった。なりふり構わないそのひたむきさが、思春期の彼らの琴線に触れ、一つ、こいつのいう通りに野球をやってみようという気持ちにさせたのだと思う。だから、高校野球はフィールド外の指導を必然的に伴う。そこに甲子園大会とはまた別の魅力がある。

2

甲子園大会は高校野球の華である。春の選抜、夏の全国大会、そういう大きな目標がなかったら、高校野球も、その指導も成り立たないだろう。選手も含めて私たちは当然のようにその恩恵を享受しているわけだが、指導の合間にふと気づいて感謝の念を新たにすることがある。

私よりもっと野球を大きな目でとらえ、考えた人がいた。

最初に気づいたときの私の驚きは実に快いものであった。私が生まれたとき、すでにそれはあったのである。そして、戦後世代としては不遇な生い立ちをもった私が脇道にそれることもなく生きてくることができたのも、甲子園が手の届くところにあったからだ。

結果として幻想に終わったわけだが、機会があるうちは実現可能な夢だった。甲子園に出場し、まず一勝をもぎ取り、勝ち進むうちに紫紺の大会優勝旗が目にちらついてくる。選手としてはそのいずれも経験できなかったが、監督としてめくるめくようなその瞬間を味わった。重圧と栄光の板挟みになって、呼吸もできず、総身から血が失われるような思い、神にもすがりたくなるような胸苦しさ、そしてとうとう…。

頂点を極めて浮かれ、次の大会への備えを怠って予選で敗北し、観客席から罵《ば》声を浴び、奈落へ突き落とされていまさらながら初心を教えられる失態。

勝利の栄光だけではなく、そういう毒をも併せ持つのが私の甲子園である。選手は三年間の燃焼で終わるが、私には引退するまで続く試練である。だから、同じではいけない。

どうしたら、進化できるのか。

練習試合、地区大会の試合、晴れの甲子園大会の試合、毎年めまぐるしく場面が変わる中で、創意工夫、実用新案、発明に匹敵するアイデアを常に求めてきた。しかし、どんなに構想しても、試合には必然以外に偶然の要素が立ちはだかってくる。さあ、どうするんだと厳しく問いつめてくる。

望ましい答えが出せたときの成就感、逆にああすべきだったと悔いにさいなまれる忸怩《じくじ》たる思い…。勝っても、負けても、そこからまた私の闘いは始まった。

それが私の野球人生だった。最初は自分のために始め、あとは部員に教わりながら、ようやく彼らを思う気持ちのゆとりを得た。だから、私の野球人生は得たのではなく、与えられたものだと思っている。

四十年にわたる高校野球人生を振り返るにつけ、私は高校野球の魅力の要素を具体的にエピソードでつづってみたいという衝動に駆られるようになった。心臓に病気を持ってから、その思いが急に頭を持ち上げてきた。

しかし、私の高校野球人生は、突然、存在したわけではなかった。記すとすれば、生い立ちをも含めた六十年のわが人生であろう。題名をつけるとすれば『いつも滑り込みセーフ』であろうか。参考にもならない内容ではあろうと思うが、くれぐれもまねないでいただきたい。

3

私の生地は足柄上郡松田町である。北に西丹沢の前衛松田山が台形をなしてでんと構え、その麓《ふもと》を酒匂川が足柄平野を画して流れ、そこに東から支流の中津川が注ぐ。御殿場線、小田急線が分岐する交通の要でもあり、風光明媚な土地でもあったが、恐らく私は一点を見つめるような毎日を送ったためだろう。美しい風景も幼心にはほとんど印象に残らなかった。

日本が戦争の末期を迎えた一九四四（昭和十九）年に私は田中家に生まれた。のちに渡辺家に養子に入って姓が変わるのだが、中学を卒業するまでの私は田中元だった。元智《もとのり》と名を改めたのは最近のことである。

大陸に渡っていたという父が、どうして内地に戻っていたのか、理由はようとして知れない。兄に確かめても漠然としか分からない複雑な事情を抱えた家であった。私が生まれたのだから、当時、すでに父は内地に戻っていたことは確かである。恐らく病気でもして内地に送還されたのだろう。

物心ついたとき、すでに両親は平塚にいて、私は母方の祖父の家で暮らしていた。だから、私は生みの親の愛情を知らずに育った。

だが、幼友達には両親がいて、遊びが果てるころには迎えにきた。母親がわが子の名前を呼ぶ声。

自分にはないものがこの世にはあるのだということを、私はひどく傷つきながら幼心に刻みつけた。

父は事業に奔走して、結核で倒れ、平塚の療養所の近くに移っていた。母は横須賀の進駐軍で働く身で、二男の私を顧みるゆとりがなかった。両親がこの世の人でなかったら、まだ諦めもついただろう。しかし、下の弟が生まれる小学校五年生になるときまで、私は祖父母の家にほっておかれたのである。

確かに祖父母は私をかわいがってくれた。が、何かが違う。それだけでは私の小さな心には満たされないものがあった。埋めようのないすき間に忍び込んだのが、牙を持つ凶暴性だった。私が部屋にばかり閉じこもって不遇をうじうじ嘆いているような少年だったら、私を良からぬ方向に進ませたと思う。

しかしながら、私は凶暴性を遊びに向かわせた。水門が開いたとき一気に奔流に飛び込み、泳ぎ切ったり、鉄道の引き込み線のトロッコを走らせて飛び乗ってそう快な気分を満喫したりするなど、危険なことにばかり熱中した。今日、生きているのが不思議なくらいである。

仲間の悪ガキと組んで近所の柿や養鶏所のタマゴを盗むにもルールがあった。取るときは最低限必要な一つ、二つにとどめ、それ、逃げろと声をかけ合って退散した。外に向かって負のエネルギーを燃焼させたおかげで、私の凶暴性はついぞ牙をむかなかった。

戦後の混乱が少し落ち着くと、野球がはやり出した。それが私の野球との出合いになった。三角のゴロベースだが、それにもきちんとしたルールがあった。遊びと草野球でルールを学んだおかげで、私の凶暴性はとうとう影を潜めた。

4

田舎の暮らしで楽しみといえば野球と相撲しかなかった。当時のラジオは耳をスピーカーに寄せないとよく聞き取れなかったが、吉葉山の活躍に胸を躍らせたものである。しかし、私は個人の勝ち負けを競う相撲より、仲間と腕を競い、ルールに従ってみんなで勝ちにいく野球を迷わず選んだ。それは快いものだった。私は時間を忘れ、嫌なことも忘れ、無我夢中で野球に立ち向かった。

私たちのフィールドは稲を刈り取ったあとの田んぼだった。切り株が残ってやりづらかったが、それでも地面が平らにならされていて、一番やりやすいフィールドだった。田植えから収穫までは使えないので、草っぱらなどをフィールドにするのだが、地面が凸凹でこちらのほうがやりづらかった。

私たちの少年時代の野球はボールを探すことから始まり、丸いものなら何でも使った。石ころに布を巻いて使ったこともある。グローブは布製だった。野球をするだけの人数集めも苦労の種だった。監督もいない、審判もいない、野球ともいえない野球だったから、判定でもめることがあった。全員が監督になってけんか腰で抗議し、敵味方双方が審判に変じ口角泡を飛ばして議論し、どちらも納得できないで解散してしまうこともあった。ルールの理解、守ることの大切さを、私たちは野球を通じて身に染み込ませた。

野球をやる条件はめぐまれなかったが、それが逆に技術を上達させた。ボールがイレギュラーして捕球しそこねるたびに、こうきたらこう、だから、次はああしようと考えた。自分の考えがツボにはまったときの得意な気分はたとえようがなかった。

親と一緒に過ごしたいなあ。

幼心に抱く淡い夢がかなわないために、私はやがて野球選手になりたいと思うようになった。

時あたかも赤バットの川上哲治、青バットの大下弘、じゃじゃ馬の青田昇らの全盛期だった。自分の将来を名選手の勇姿に重ねて泥で真っ黒に汚れた白球を追った。その夢がなかったら、私は間違いなく横道にそれていたと思う。

夢というものが少年時代にはいかに大切か、経験から私は覚えた。

花水小学校時代の著者（最後列左）

野球は一つのボールをピッチャーが投げ、バッターが打ち返し、野手が追う。外見には当事者は二人か三人に限られ、他のプレーヤーは傍観しているように見られがちだが、決して部外者ではいられない。たった一つのボールに大勢が集中することで、仲間意識が育ち、トラブルのたびにチームの結束が強まった。

上手下手を問題にする以前にルールに通じていないと参加できないし、守れなければ排除されてしまう。野球は世の中の仕組みを凝縮したものだと私は理解している。だから、肩を壊し、メスを入れ、手術に失敗して選手生命を断たれても、なおもまだ野球に生きようと考えられたのだと思う。

私が野球を人生の恩人とする理由がそこにある。

5

生い立ちをもう少し詳しく記すと、私の父は兵役を解除され満州から引き揚げて、最初は祖父の家にいたらしい。しかし、祖父が後添えを迎えて新しい家族が加わったため、母方の祖父の家を頼ってきたらしいようであった。両親は私の知らない複雑な事情を抱えていたようだ。

母方の祖父の家は御殿場線の松田駅から歩いて十分ぐらいの庶子という場所にあった。私たちは御殿場線をヤマ線と呼んでいた。祖父はそのヤマ線の松田駅の駅長だった。だから、母は駅長の娘だったわけで、私は国鉄の官舎で産声を上げたことになる。官舎の暮らしはそれほど貧しいわけではなかったが、金持ちといえるほどでもなかった。

私が小学五年生になったとき、母親が家にいるようになって、ようやく平塚に引き取って貰い、花水小学校に転校し、やがて浜岳中学校に進むのだが、転校したとき、担任の石川保男先生がキャッチボールの相手になってくれた。昼休み、放課後はもちろん、雨の日でも廊下で相手を務めてくれた。私が野球に一段とのめり込むうえで、石川保男先生の影響が大きかった。授業だけでなく、それ以外の時間も付きっきりで相手になってくれる先生がいる。愛情に飢えた少年にとって、そこに野球以上の意味があった。どちらがどうということではなくて、両方相まってのことだったと思う。平塚時代、それ以外はほとんど記憶に残らなかった。もちろん、野球部に在籍したが、野球のことも記憶にない。

のちに横浜高校の野球部でさまざまな問題児を相手にするのだが、記憶にもとどめたくないという中学時代を持ったことが、彼らを理解するうえでどれだけ助けになったか知れない。

こうした少年期の体験が、のちの部員指導の下地になった。理屈でなく生身で経験したことだから、猛者たちの気持ちがよくわかったし、彼らを野球で真っすぐ前に向かわせられると確信できた。彼らも私のそんなにおいを敏感に察知して共感し、従う気持ちになったのだろう。

振り返ってみれば、少年時代のいじけた気持ちが、その後の私の高校野球人生に大きく役立ったわけで、感謝したいような気持ちに変わった。しかし、それも今だから言えることで、当時の私にそんなゆとりは微塵もなかった。

もちろん、高校野球の指導者になってすぐ、彼らの気持ちを理解するゆとりを持ったわけではない。それまでは野球を恩人と思い込んで一途に横浜高校の野球部を強くすることしか念頭になかった。彼らを鍛えて鍛えて鍛え抜くしかないという考えに凝り固まっていた。反省ばかりだが、そこにとどまっていたら、私の今日はなかったと思う。

まだ、山を二つ、三つ越えなければならないのだが、簡単に言ってしまうと甲子園で優勝するうえでの野球の恩人、人生は野球だけじゃないよと教えてくれた恩人との出会い、そこに至るまでの紆余曲折の結果であった。

6

中学時代のことは野球を含めてこれという思い出を持たないのだが、自然に囲まれた小学校時代までの記憶は鮮明に脳裏に焼きついている。自然の営みの中で自分が世の中に存在する意味、社会勉強というか、一番大事なことを身に付けたからだった。

勉強は学校でする以外に隣家のおじさんに教わりながら、それとなく社会経験を感じさせる話を聞いた。世の中を生きていくうえで学問はなくてはならないものだが、それを教わるだけでなく、学問を受け入れる素質というか、条件みたいなものを遊びの中で自然と身に付けた。孤独な少年にも付きっきりでキャッチボールの相手をしてくれる教師、声をかけてきて何かと面倒を見てくれる隣人がいたということである。だから、どんなに孤独を感じていても、私は心まで孤立することはなかった。だから、勉強も受け入れられたのではないかと思う。

勉強を最初から至上命令みたいに押しつけられていたら、恐らく、私は勉強に背を向けたに違いない。

私が今日まで四十年間野球をやってきて、痛切に感じるのは野球に対しても、生きることについても、自然界の掟《おきて》が一番の基本だということである。野鳥にしても、動物にしても、親は子どもが自分の力でえさを取るようになるまでは、愛情を傾けて見守り、生きる方法をしっかり教える。あとは子どもが自分で生きる。それが本当の社会の姿ではないかと思う。

私が幼いときの周囲の人間社会にも、間違いなくそれと同じ営みがあった。何らかの事情で現実に親がいない子がいれば、当然のように代わりを果たしてくれる人が間違いなくどこかにいた。

ところが、戦後の復興が進み、文明が発達する中で、人々がその恩恵を享受するうちに、本来の社会の姿が見失われていった。当然、子どもを取り巻く環境も変わってしまう。中学時代のことが記憶に残らないのは、思い出したくないという以外に、そういう環境の変化もあったろう。

中学校時、修学旅行の記念写真。著者は後列左から２番目

巣の中で雛《ひな》同士がえさを争ってけんかするとしても、殺すまでのことはしない。人間の子どもも泥んこ遊びをして兄弟げんかをしたとしても、せいぜい殴り合うくらいのことで、相手を殺すところまではやらない。第一、相手を殺すほどの腕力がない。ひっかいたり、たんこぶをつくったりするぐらいが関の山である。むしろ、そういう中で覚えていくことのほうが多い。

それさえもなくなってしまったら、子どもの経験には何が残るのだろうか。

よいことばかり教えられたら、悪いことも、けんかさえも経験したことのない子どもは、比較のしようがないから、結局、善悪の物差しが持てないまま終わってしまう。限度をわきまえない激情に駆られて、道具を使って相手を殺すまで突っ走ってしまう。

現実の中学時代はまぎれもなく三年間あったのだが、私の記憶の中で一瞬のもので終わってしまったのは、そろそろそんな気配が世の中を覆い始めていたためかもしれなかった。

しかし、私には善悪の物差しとなる経験も夢もあった。

7

私の夢は野球に生きることで、目標は野球選手になることだった。夢と目標が一つでなくなったのがいつのことか分からないが、結果としてそれが私を挫折から立ち直らせてくれた。

高校進学を目前にして、私は法政二高と迷わず進路を決めた。当時の法政二高は豪腕柴田勲手を擁して全国制覇を遂げ、全盛を極めた観があった。

野球選手になるからには強いチームを持つ学校へ進もう。

こうした選択肢は基本的に今日の野球部員も変わらないと思う。私は親に法政二高に進学したいと申し出た。しかし、いともあっさりと拒絶されてしまった。越境入学などあまりない時代である。私立は月謝が高かった。しかし、法政二高の先にプロ野球選手の姿を夢見ていた私は、あきらめられなかった。とんでもないといわんばかりの親に、必死の思いで食い下がった。

田中の家の経済では私立の学校へなどやれない。それだけわがままを貫くなら、母親の妹の家はまだうちよりましだから、「養子に入れて貰え」と親は考えた。

母親の妹が嫁に入った渡辺家に、次男坊で真ん中の私を養子に出すという話は以前からくすぶっていた。実の親とようやく暮らすことができた私は、かたくなに断り続けてその日を迎えたのだが、野球を取るために養子話を受け入れるか、野球をあきらめてわが家

中学時代。右が著者で左は長男

にとどまるか、とうとう二者択一を迫られた。

このときの私の気持ちは形容のしようがない。

兄は公立高校へ進学して野球を続けていたが、次男坊で余計者の私の行く先は職業訓練所であった。

「おまえのような奴は職業訓練所へ行け」

親からこう言われ続けてきていたのである。

なんでこの家に生まれたのだろう。しかも、次男坊で。

ぎりぎりの選択で私は野球を取って、田中家を捨てた。田中元から渡辺元に名前を変えて法政二高に進学した。しかし、授業料が高く、三年間を全うできそうになかった。

私は悩んで、野球をやっている長兄に相談した。

「兄さん、俺は野球選手になりたいんだ。何とか高校で野球を続ける方法はないだろうか」

「俺の友達が笹尾さんを知っている。笹尾さんは、今度、横浜高校の野球部の監督になるので、平塚の中学選手に声をかけている。授業料は公立並みだから、話してやろう」

笹尾晃平監督は平塚の中学からこれはと思う優秀な選手に目をつけ、声をかけて横浜高校に誘っていた。私は浜岳中学のチームで四番を打っていたが、法政二高に合格したと聞いて見送られていたらしい。

「おう、来いよ」

簡単に話が決まった。私は法政二高に進学しながら、こうしたいきさつを経て、急きょ、横浜高校に入学することになった。

ある意味では甲子園が遠のいたわけで、挫折感を少なからず伴っていたが、やらないうちにあきらめられなかった。チームは変わるが、チャンスまで失われたわけではなかった。何より野球を続けられるという喜びがはるかに勝っていた。

8

私はある意味では運命論者である。特に最近になってからはそうだ。

しかし、夢のない人生に運命はない。ロマンなくして運命は生じない。野球を続けられるかどうか、その瀬戸際に立たされたとき、運命などは信じなかった。

夢と目標を実現するため、やれと言われた練習メニュー以外に、内角を打つ練習に壁を使うなど独自の工夫を怠らなかった。だから、いきなり甲子園という高いハードルを設定した笹尾監督の激烈な練習メニューに付いていけたのだと思う。チームの力の程度を分析して、それならここまで行けるだろうという考え方が普通なのだろうが、笹尾監督は個人の資質を無視し、目標一筋に私たちをしごき抜いた。

当時は軍隊式の鍛練法がまだ生きていて、厳しさがむしろ歓迎された。父母の前で選手を殴っても、ありがとうございましたと言われる時代風潮だった。選手も殴られたことを親に報告しなかった。むしろ、殴られた回数を自慢にする選手もいたくらいである。私はその一人だったから、殴られても痛いと感じなかった。憎まれて殴られるわけではない、むしろ、目をかけられて名誉と感じた。

鉄拳による気合つけが暴力とされるようになったのは、時代による自我の認識の差であろう。もちろん、今の時代には通用しないことなのだが、進んで殴られにいくから少しも痛くなかった。たんこぶも出来なかった。うっかり頭をぶつけたときは我慢できないほど痛くてたんこぶが出来るのに、指導で殴られるときは痛くないし、たんこぶも生じないのが不思議でならなかった。

誤解が生じないようにいうと、鉄拳による喝は指導法の一つとして世の中に広く受け入れられていたわけで、感情に任せての一撃だったら、私はひそかに仕返しを考えたろう。

笹尾監督（前列右から３番目）とカップを手にする著者（前列左から３番目）＝1962年

指導の一環としての鉄拳と感情に任せての一撃は、殴られた本人ならばすぐ区別がつく。

笹尾監督の指導は世間が求める厳しさのはるか上をいった。部員が血反吐《ちへど》を吐くまでグラウンドを走らせ、途中で休むと鉄拳で気合を入れた。特に基本の反復には容赦がなかった。素振りを繰り返し手のひらにマメが出来ても、やめろといわなかった。マメがつぶれてバットに血がにじんでも、まだやれ、もっとやれと言い続けた。

とにかく、強い選手を集めて他校の野球部より鍛えれば、必ず甲子園に行けるという単純にして明快な指導法だった。迷いがないだけに指導は熾烈を極めた。

私は笹尾監督に恩義を感じていたから、通学の電車でルールブックに目を通しもしたし、練習でへとへとに疲れ切って帰ってから、同じ平塚の笹尾監督の自宅に三十分以上かけてランニングで通い、スイングの指導を受けた。

結果として、それでさえも横浜高校の野球部は甲子園に出場できなかったわけだが、笹尾監督に野球に情熱を傾ける姿を見られていたことが、のちに私の運命を決定づけた。そして、甲子園に出るにはこれだけやらなければならないという指針を得たことが、横浜高校野球部の運命をも変えたのである。

9

笹尾監督が、もし、甲子園を目標にしなかったら、横浜高校の野球はこの程度の選手にして、この程度の野球で終わり、のちの私も笹尾野球を継承しなかったろう。

高校野球の目標のハードルをどこに、どう設定するか。

笹尾野球は、その点、極めて合理的だった。

目標は甲子園である。出場するために強い選手を集め、徹底して鍛え抜く。この二つの要素がうまく合致したとき、甲子園への扉が開く。

目標は甲子園と常にはっきりしていた。

これが大事なのだ。甲子園出場が単なる合言葉で、それにふさわしい練習が伴わなければ、いつまでも実現しない。予選に甘んじる野球と常に甲子園を見据えた野球は練習からして違う。仮に練習の延べ時間が同じだったとしても、一分一秒への打ち込み方が異なるのである。延べ時間は一分一秒の積み重ねだから、最終的には底力に大差がついてしまう。私は笹尾監督からそのことを身をもって教わった。

もちろん、私は最初から笹尾野球を受け入れたわけではなかった。あまりの厳しい指導に、最初は俺たちが憎いのかと本気で反発を覚えた。当然、野球をやるために入ったのに、練習に付いていけないで落後し、退部する者が出た。私は彼らを笹尾野球の犠牲者と見てしまっていたわけである。

しかし、自分に体力がつき、技術の向上が感じられるようになると、練習がきつくなくなるほど、もっと上を目指そうと意欲を燃え立たせた。技術のレベルも一段と向上していた。

誰のおかげか。

笹尾監督へのうらみが感謝に変わったとき、どちらが犠牲者か、私には判断がつかなくなった。

高校生の私の目で見ても、笹尾監督の指導にはえこひいきがなく、むしろ、個人の能力差をもう少し考えたほうが合理的ではないかと思ったくらい、ハードルを下げようとしなかった。考えてみれば、甲子園野球は勝敗の極致で、チーム力が試される場所だから、個人差を重んじたら成り立たなくなってしまう。

むしろ、落後者が出て泣いたのは笹尾監督だろう。

笹尾野球の理解が進むにつれて、私は一段と練習に身が入るようになった。監督の私を見る目が心なしか変わってきた。指導者であるからには、育つ選手の姿が何よりもの報酬なのだろう。私も笹尾監督に認められて悪い気がしなかった。横浜高校は文武両道を目指していたから、勉強の方でも優等生になろうと思って努力した。

監督と選手の呼吸が合ってくると、何をやってもいい方に転がっていく。

私が横浜高校野球部に在籍した三年間で、甲子園大会の地区予選でベスト4まで勝ち残ったのが最高で、法政二高、慶応高、鎌倉学園の牙城はついに抜くことができなかった。しかし、三年秋の横浜市長杯大会でとうとう優勝した。師弟野球という言葉があるが、まさしくその成果だった。私にとっては自分の喜びよりも、笹尾監督に報いられた喜びのほうが大きかった。

10

笹尾監督の一番の弟子になろうとしたおかげで、これが師弟野球か、教育指導の醍醐味《だいごみ》かと選手の立場で感銘を受けた。だが、のちに自分も同じ立場についてから、高いレベルで和を実現するには犠牲を伴うという苦い思いも味わった。

選手のときの自分の思いがのちの私の指導の支えになるのだが、しかし、そこに至るまでもうしばらく紆余曲折を経なければならなかった。

キャッチボールに勤しむ著者

横浜高校を卒業する時点で、私はプロで通用する選手のレベルではないと感じた。法政二高をちょっとのぞいても、一年上の柴田勲投手をはじめ、高校生のレベルを超越した選手が何人もいた。それでもプロ野球から誘われるのはごく一部だった。自分がそこに割って入ろうとするのは、精神論としてはよいとしても現実的ではなかった。

「うーん、だけど、もうちょっと」

なまじお声がかかったために、野球選手への思い断ちがたく、私は神奈川大学の野球部に入った。法学部の法学科で講義を受けながら、グラウンドで練習に明け暮れる学生生活が始まった。

「よっしゃ、よっしゃ、何とかなるぞ」

あのときそういう色気を出さなかったら、当時は就職先がいくらでもあったから、私は野球を見限ってサラリーマン生活に進んでいたと思う。だから、今、落後しそうな部員にいう。

「駄目だと思ったら、すべて終わりだぞ。何とかなるという中に名案が生まれるのだぞ」

続けることが一番の名案という意味である。

もちろん、振り返っていえることで、それこそ目の前が真っ暗になるようなアクシデントが私を待ち受けていた。

入部して間もなく、外野手の私はセカンドにコンバートされた。外野と内野では投げ方がちょっと違うので、やっているうちに肩を痛めてしまった。まだ、続けたい一心で、メスを入れたが、軟骨と神経が密着して取れないという。

イチかバチかの賭けに出たのだが、ものの見事に裏目に出てしまった。

野球を断念せざるを得なくなって就職したが、納得したつもりでも気持ちに整理がつかず、飲めない酒を覚えてしまった。自分をめちゃめちゃにして忘れようとしたが、それでも野球への思いを断ち切ることはできなかった。

肩を使わないでいるうちに治ったように錯覚して復帰を考えた。私が就職した小松製作所（現・コマツ）の下請け会社に社会人野球の有力チームを持つ熊谷組から出向してきていた役員がいた。私の親戚に小松製作所の下請け会社の重役をしている人がいたため、拝み倒して午後から野球部のグラウンドに行ってプレーに参加できるよう道をつけた。

「面白いから採ってみようか」

「打撃だけで正式に採用しよう」という話が出たが、投げてみると肩が思うように動かない。本当に断念するほかなくなって、千葉県の姉ケ崎でブルドーザーの修理工として骨を埋める気持ちになった。しかし、すぐに野球が向こうから私を迎えにきた。今度は野球が私を見捨てなかった

第二章　甲子園を熱望して

1

　忘れもしない一九六五（昭和四十）年、笹尾監督が横浜高校を去るに当たって、後任に私を強く推してくれた。そのとき、私は千葉県の埋め立て地でブルドーザーの修理で油にまみれていた。仕事が終わると飲み屋に直行し、浴びるほど安酒を飲んだ。あとは前記した通りの大暴走であった。

　笹尾監督が私のそんな姿を知っていたら、到底、野球部監督に推薦するつもりにはならなかったろう。しかし、幸いなことに、笹尾監督の知る私は野球にも勉強にも打ち込んだ横浜高校生の時代か、肩の故障を克服して熊谷組に入りかけたあたりまでだった。

「渡辺には野球に対する強い情熱がある。社会経験もある」

　笹尾監督は学校にそういってくれた。事実、私が野球をあきらめたのはごく短期間だけで、すぐ復帰できたため体はよく動くし、情熱も失われていなかった。むしろ、野球を失ったとき自分がどうなるか、実際に地獄をのぞいた直後だけに野球に対する情熱は増していた。いわば嘘から出た誠とでもいおうか、私は地獄に仏という言葉をこのときほどありが

母校に戻り、コーチに就任（後列右端）。後列左端は高橋監督

たく噛み締めたことはなかった。

笹尾監督の推薦がどれほどものをいったかは、まだ二十歳と若い私が猛者部員に通用するようになるまで、学校がわざわざ指導者兼つなぎ役として高橋輝彦監督を招いたことに表れていたように思う。

一九六八（昭和四十三）年の秋に監督に就任するまでの二年半、大学のリーグ戦を基礎にした高橋監督の複数投手陣の育成法を、私はコーチとして驚きをもって学んだ。当時の高校野球は一人のエースで勝ち抜くのがほとんどだったから、私は新鮮な興味を覚えた。

さて、成人したばかりの私が相手にしたのは、記憶にも新しいかつての自分と同じ多情多恨な少年たちだった。それぞれの境遇で感じ、さまざまな主義主張を持つのは明らかだった。しかも、接しようによっては牙をむく凶暴性を持つ。どういうとき、どうやって牙をむくかは、成人した自分が経験したばかりである。牙をむかせず、凶暴性を収めるにはどうしたらよいかは、小さいときの自分が教えてくれていた。順序が逆になってしまったが、どちらも自分が経験していたということが、私には幸いした。横浜高校の野球部の部員が模範的なエリートばかりだったら、恐らく、私の出番はなかったかもしれない。

部員たちは自分の主義主張が正しいのか、ときには迷い、ときには葛藤し、答えを出してバランスを取ろうとしていた。不良ほど考えは深いのである。さあどうなんだと常に自分に答えを問いかけている彼らに必要なのは何か。

野球である。

彼らに我慢を教えてイエスマンにするより、彼らを野球浸けにし、余計なことに神経を使わせない。

「おまえたち、とにかく、野球で強くなれ」

それが渡辺野球の原点になり、必然的に笹尾野球の踏襲につながった。どこまでも、それが渡辺野球の土台になった。

2

横浜高校は今でこそ進学校として人気も評価も高くなったが、当時はいわゆる荒れた学校だった。創立者黒土四郎校長は、それを隠そうとしなかった。黒土校長は世間の評判に対して及び腰にならなかった。おかげで、私はやりやすかった。世間から不良と見られている生徒にとっても、実に居心地のよい学校になった。

こうした事実をいまさら蘇《よみがえ》らせるのは、勤勉で優秀な今日の生徒にもうしわけないのだが、これも校史の一ページと理解していただきたい。

横浜高校は世間的な評価が低い彼らに安住の場所を提供した。学校の名誉、外聞を犠牲にして。

私の知るかぎり、学校の名誉、外聞のため、生徒の個性を犠牲にするような方針は取らなかった。トラブルの解決に奔走するようなこともなかった。

監督になったばかりのころの私も、野球以外の部員のトラブルは放置した。彼らの今がどうあろうとも、彼らが学校に来て、練習に参加するということが、実に幸いした。

部員同士が意見の対立から殴り合いを始めても、けんかはいけないというような止め方はしなかった。

「それだけの元気があるなら、野球に使え」

トラブルの当事者同士の間に感情的なしこりが残っても、すぐに解決しようとは思わなかった。将来、健全な人間を育成するためには、意見のぶつかり合い、多少の小競り合いが必要なのである。その中で、彼らはたくましい人間、健全な精神とは何かを学ぶ。

「何もいうな。余計なことはいうな。おとなしくいうことを聞け」

こうやってしまったら、彼らの心の葛藤は封印され、どこで噴き出すかわからなくなってしまう。

彼らは間違いなく、真正面から向かい合ってくれる指導者を欲していた。私は野球を通じて彼らと向かい合った。学校も私に時間をたっぷり与えてくれた。

第二次安保闘争、学園紛争などで世の中が騒然としてのち、公立の学校で荒れる学校が問題になった。ある中学校の校長は荒れる学校を収める名人と評判を得ていた。

あるとき、その校長が私にいった。

「トラブルを校内で揉み消しを図ろうとするから荒れる。逆にトラブルをオープンにし、地域と連帯する。問題児童と向かい合ってはっきりという。おまえの相手は俺なんだぞ。解決法といっても、それだけのことです」

横浜高校の方針が間違っていないことを図らずも教えられた思いで、私はその校長の言葉をありがたく受けとめた。

校則違反、トラブルの名のもとに生まれながらの個性が封印され、よさが失われ、多様であるべき子どもたちの世界が、すべて大人たちによって単色に築き上げられていく。

辛うじて不良が反抗を試みるだけ。

花水小学校に転校して仲間のいない私につきっきりで野球の相手をしてくれた石川保男先生。その人に出会っていなかったら、私はあそこで終わっていた。だから、私は横浜高校で石川先生になろうとした。

3

荒くれ部員に対して、私は半端な心構えでは臨めなかった。ただし、私には大きな武器が二つあった。

一つは笹尾野球の遺産である。

目標は一つ、甲子園。

笹尾元監督が去ってからも、高いハードルは存在していた。野球部がただあるという学校だったら笑われてしまいそうな本気の目標が、われわれのあとに実現し、夢ではなくなっていた。だから、スパルタ指導法が受け入れられ、伝統として根づいていた。

むしろ、

「なぜ、甲子園に行けないんだ」

私を追い詰めるような厳しい批判の声が聞こえ始めていた。特にOBの声が辛辣《しんらつ》に耳に響いた。

「あんな若い奴が監督やって、甲子園へ行けるのか」

これも笹尾野球の精神的遺産である。市長杯で優勝し、甲子園にも出場した。夢よ、もう一度という期待から生まれた、当然の批判である。これほど重いプレッシャーはないのだが、私は前向きに受けとめた。

一九七三（昭和四十八）年の選抜野球甲子園大会で初出場初優勝を遂げるまで、私は徹底して笹尾野球を踏襲した。勝つためには強い選手を集め、鍛えて、鍛えて、鍛え抜く。甲子園という目標が周囲にも浸透していなかったら、落後者を生むような指導法は貫けなかっただろう。だから、私は批判されても落ち込まなかった。逆に発奮して目標のハードルを引き上げた。

日本一厳しく、日本一長い時間やれば、日本一になれる。

そのために殴る、蹴る、練習させるというより、苦痛を与えるという指導法になった。

鶴見の日本鋼管（ＮＫＫ）のグラウンドで試合をして負けると、横浜高校のある谷津坂（現在は能見台）までランニングして帰らせた。私がかつて在籍した関係でよく神奈川大学のグラウンドを借りて練習をしたが、港北区の中山までランニングをさせた。

時間厳守、礼儀、集団のルールを徹底させるために、キャプテンが練習時間に五分遅れたときには、部員の前で殴り飛ばした。

千本ノックは当たり前で、毎日のようにやった。

いわゆる根性野球である。

高橋輝彦前監督は専修大学野球部の黄金時代を築いた監督で、実に紳士的で野球理論も卓越していたが、それを踏襲できる段階ではなかった。大学野球のように選別されて入ってくる部員ではないのである。今日でいう偏差値も低い、うっかりものをいえば、相手が監督だろうが殴りかかるような連中であった。言葉の指導などに従うはずがなかった。

彼らの負のエネルギーを練習で根こそぎ発散させる。昇華されたあとに残るのが、彼らの本当の姿だ。

私はいずれそのときがくると信じて疑わなかった。

当然、落後者が続出して、犠牲者が増えた。そのころ、私の指導を受けた部員が社会人に育って、彼らなりに私を評価するとき、真っ二つに意見が割れる。良くも悪くも、それが初期の渡辺野球の姿だった。

4

私の第二の武器が、年上の妻、紀子だった。私とはまたいとこの関係で、早くから行き来があった。早くから父親を失い、母親が再婚したため、親戚を転々として育った。妻が中学生だった当時、私はまだ小学生で、似た境遇に置かれていた。だから、妻は気になってようすを見にきたのだろう、どういうわけかウマが合って、それが荒みかけた私の気持ちに潤いを与えてくれた。

妻は私の幼いときからの支えでもあったのだが、中学を出てすぐ自分で生計を立てる道を選んだ。卒業と同時に東京に出て、オートクチュールというらしいのだが、デッサンから手がけて裁縫で稼いだ。まだ若いうちに生け花の先生にもなった。だから、私と所帯を持ったとき、かなりの蓄えを用意していた。その蓄えがなかったら、間違いなく私の今日も、私の代での横浜高校の甲子園優勝もなかったと思う。

選抜大会で甲子園優勝を果たす一九七三年まで、七、八年かかってしまったわけだが、その間、渡辺をあきらめようという声が出た。屈しないで続けさせてくれた学校には頭が下がる思いだが、そんな私を家庭で支えてくれたのが妻だった。

四十年を数える高校野球人生で、十回前後、私は家を替わった。

部員の世話などで著者をバックアップする渡辺夫人

なぜ十回近くも住まいを替えたか。

自分の投影でもあったのだろうが、私は野球が駄目でもこれがあるという選手より、世間の落ちこぼれ部員のエネルギーに活路を見出そうとした。付きっきりで指導するためわが家を宿舎にしたかった。渡辺の家に彼らを引き取りたいといったとき、そこまでは面倒をみられないと拒絶された。まだコーチのときだったから、学校には頼めない。給料は安いから、自分で宿舎を都合する力はない。追い詰められて、すがるのは妻しかいなくなった。妻に事情を打ち明けて、結局、所帯を持って二人で選手を世話することにした。私は勝って甲子園に行くために、それぐらい必死だった。

そういう意図を引きずった結婚だったから、親戚のすべてが猛反対した。

「渡辺の家にも、田中の家にも、もう、戻ってこないでよい」

私は勘当されて渡辺の家を出て、妻も仕事をなげうって平和島の一間の長屋で一緒になり、ようやく選手を一人受け入れた。

県内の選手の中にも家庭を考えると、自分が引き取って生活面から鍛え直すほかないという者が、少なからずいた。そういう選手も引き取った。そのたびに狭くなった家を引き払い、広い借家に移った。転居を繰り返すたびに妻の蓄えは目減りしていった。

成績が上がらず、行き詰まりかけたとき、荒くれ者を相手に疲れた神経を休めるために、私は練習が終わったあと夜遅く毎晩のように飲み歩いた。

深夜を過ぎて帰ると妻と選手が狭い部屋で川の字になって眠っていた。

甘い新婚生活を期待した妻にしてみれば、受け入れがたい毎日の暮らしだったに違いない。

冗談によく言うのだが、年上の妻でなかったら彼らと間違いを起こしていたかもしれないし、その前に愛想をつかして去っていたに違いなかった。

5

野球部の監督になったとはいいながら、私はそれで給料を貰っていたわけではなかった。身分は横浜高校の事務職員である。

もし、このまま甲子園に行けなかったら。

考えるだけでも、ぞっとした。

選手のときには笹尾監督が私たちに甲子園を義務づけた。監督としてきた今度は、学校関係者、ＯＢから甲子園行きを義務づけられた。ＯＢは若い私の監督就任に最初から懐疑的だった。私は甲子園へ行き、優勝するつもりだったが、むしろ、それまで今のような生活が続けられるかどうか、こちらのほうが不安でならなかった。

普通なら暮らしのことなどより、甲子園で優勝することのほうに神経を使うものなのだろうが、私は今の生活さえ維持できればそっちのほうは何とかなるという感覚だった。

監督でめしが食えるなら、必ず甲子園で優勝するときがくる。横浜高校をとうとう甲子園に出場させた笹尾監督が、この俺を認めてくれたんだ。甲子園出場どころか優勝してみせようじゃないか。

一見、現実離れした感覚のようでも、人間はこれぐらいの抱負を持たないと、人のやれないことは実現できないのだそうである。かつては有名歌手のレコードの裏面に新人歌手の曲が吹き込まれたという。レコードが出せればたいしたものなのだろうが、そういうB面歌手になれたことで満足してしまうと、A面歌手になるのはおろか、ヒット曲など永遠に生み出せなくなってしまうのだそうだ。

その話を聞いたとき、私はぞくぞくっときた。

横浜高校の創立者黒土四郎先生は、私が生徒として在学したとき、まったく同じことをいわれた。

「富士山に登るには、それなりの準備が要る」

落ちこぼれが集まった当時の横浜高校の校長の口から、この言葉が出たとき、私は度肝を抜かれた。

私はその富士山をチョモランマに置き換えて考えた。すなわち世界最高峰のエベレストである。

富士山ならば多少の体力があり、天候にめぐまれさえすれば、いつでも登ることができる。頂上の空気は希薄だが、高所障害が出るほどでもない。しかし、エベレストに登るとなると、まず食糧計画、登山用具の選定・調達などの準備が大変で、厳しいトレーニングが必要である。現地へ行っても、高度四千帯と八千帯で現れる心身障害を克服する高所順化から始め、天候の回復とジェット気流が息をつく瞬間をねらって頂上にアタックするほかない。

「どうせ野球をやるなら、チョモランマに登れ」

黒土四郎先生がいわれた言葉を、私はこのように受けとめた。甲子園優勝という目標は、決して功名心などから生まれた目標ではなかった。

落ちこぼれの受け入れと生活の不安、甲子園優勝という三つ巴の要素から生じたギャップを克服するのが私のチョモランマにほかならなかった。

6

一九六六（昭和四十一）年の神奈川県大会準々決勝で慶応高に苦杯を喫し、一九六七（昭和四十二）年には四回戦で多摩高に蹴落とされ、どうしても甲子園に手が届かない。渡辺でいいのかという声が出たのも当然だった。日本一厳しい練習をすれば、という信念がぐらつき始めると同時に、私より豊富な指導経験を持つ笹尾監督が、なぜ血眼になって優秀な中学生に声をかけたのか、その理由をいまさらのように思い知らされた。

だから、横須賀の愚連隊《ぐれんたい》の番長で野球が滅法強いという中学生の噂を聞くと、私は迷わず飛んで行って声をかけた。内申書は最悪だったので、横浜高校へ進学しなければ、そのまま地元で就職するしかなかったという二人だった。

「お願いします。この二人を入れてやってください」

私は学校に頼み、頭を下げつづけた。

「そんなに、いい選手なのか」

当然の質問だが、私は即答できなかった。

当時の横浜高校野球部はよい選手が来たいと思う環境になかった。本当に欲しい選手には逃げられてしまい、窮余の策として選んだ選手なのである。中学の力が高校レベルで通用するか、二人の素質も未知数だった。落ちこぼれほど鍛えれば成長するという考えで、問題児に魅力を感じ始めたばかりの段階で、硬派の番長をそこまで持っていける自信はまだなかった。番長選手の名は山際稔、松岡信哉といった。それこそいちかばちかの思いで、私は学校に約束した。「この二人は野球しかないんです。そういう奴のほうがものになるんです。必ず結果は出ますから」

当然ながら、反対意見が校内の大勢を占めた。学校をよくしようとしている先生方にしてみれば、みずから疫病神を呼び入れるようなものだ。結局、私が保証人になって、二人の入学がようやく実現した。

正直いって、私にも賭けだった。

そろそろ渡辺は見限りどきではないのか
そうなったら、俺の人生はどうなる、家族の暮らしはどうなるんだ。自分のため、家族のため、新婚生活を犠牲にしてまでやってきたのだ。

「ここで辞めさせられてたまるか！」

ぎりぎりの瀬戸際に追い詰められて、私が活路を求めたのが、番長選手の成長だった。

しかし、二人を家に置くといったとき、さすがに妻は嫌がるそぶりを見せた。

妻、紀子は家庭に収まっているが、裁縫の技術がある。もし、亭主が監督をクビになったとしても困らないし、逆にほっとするだろう。だが、野球から離れたら私は何もやれない。妻のヒモみたいになって暮らすくらいなら、どんな賭けだって怖くない。

私は妻に彼らを預かる期限を切った。

「四カ月だけ、家で合宿する。それで駄目だったら、俺は野球を諦める。あんたが嫌だといっても、諦める。それきりだ。俺はあの二人と心中する覚悟なんだ。なあ、頼むよ」

私の必死の懇願の前に妻は折れてくれた。

7

硬派の番長だった山際と松岡を預かる私の心境は、振り返ってみて尋常ではなかったと思う。彼らなりに背負う心の荷は重かったのだろうが、こちらのほうは自分の人生と家族の将来がかかっていた。

いかに包容力があるとはいいながら、妻のお荷物になってまで生きたくなかった。

「俺の指導に従わなかったら、その時は覚悟しろよ」

口に出してこそいわなかったが、それが私の心境だった。

人間、追い詰められると、どうとでもなれと腹が据わって、開き直った気持ちになってくる。やけくそという言葉があるが、似たような心境ながら、決して自暴自棄ではなかった。経験と技術の裏づけから、私なりの道が見えた。こうする以外ないとわかると、その先がすっと視界から消えて、不安も恐怖心もなくなった。

「お前たち喧嘩《けんか》が強いらしいが、喧嘩が強いだけで生きていけると思うか。生きていくには、おまえたちには、もう野球しかねえだろう。俺だってそうだ。どうせなら、俺と一緒に死に物狂いで野球に取り組め。やるからには、お互いに命がけだぞ」

このときばかりは、はったりではなかった。それこそ私は窮鼠《きゅうそ》猫を噛むの心境でかつての横須賀愚連隊の番長相手にすごんだのである。恐らく私の覇気が彼らを圧倒したのだろう。

「わかったから、そんなにすごまないでくれよ」

山際は呆気ないほど素直に私に従った。

しかし、監督に向かってすごむなという言いぐさはない。野放図に暴れていい気になっているこの性根からまず叩き直すほかなかった。

「俺は理屈をいわない主義だが、最初にこれだけはいっとく。野球にはルールがある。喧嘩と違ってただ強ければいいというわけにはいかんぞ。俺がそれを体で教えてやる」

山際と松岡は私には従うそぶりを見せたが、問題は校内での素行だった。二人を迎えるのが羊のようにおとなしい生徒ではないのだ。喧嘩はするなよと釘を刺しはしたものの、私はある程度は覚悟して指導に臨んだ。

二人が校内で喧嘩沙汰を起こしたのは、入学して間もないころのことだった。それ見たことかという感じで私の指導力が問われた。

私は必死の思いで二人を弁護した。

「決して暴力を肯定するわけではありません。行き過ぎはいけないけれども、ある程度のぶつかり合いがないと、子どもは成長しません。何でも駄目だ、手を出したから悪い、そういう見方では指導にならない。喧嘩には何かしら必ずきっかけがあるんです。勝った者が加害者、負けた者が被害者にもかかわらず、被害者がすべて正しいといったら、世の中に正義がなくなってしまう。非常に多感な生徒ですから、そうなったら、もうだれも信用しませんよ。もう少し時間をかけて見守ってやってください」

もう一度だけチャンスをやるということで落着したが、前途は多難だった。

8

喧嘩は法度と学校から最後通牒《つうちょう》を突きつけられて、いよいよ彼らに体で教えるときがきたと私は感じ、最初の夏の合宿の場所に伊豆大島を選び、山際と松岡に喧嘩指導を試みた。

「おい、おまえら、全島をランニングで一周しろ。いいか、歩いたら、ただじゃおかねえぞ」

喧嘩指導といっても、まともにやり合ったら、こっちがやられてしまう。二人の弱みにつけ込んで、凶暴性の牙を抜くほかなかった。本来は愛すべき子どもなのである。少年時代の自分の気持ちが、私にそうささやいた。

いってみれば、じゃじゃ馬ならしの心境である。元気な二人をへとへとにさせてやれば、目の前に野球がどーんと現れる。彼らを走らせてから、私はタクシーで追いかけた。

果たして山際と松岡がしゃべりながら歩いていた。

「このやろうー」

私はタクシーから飛び出して、二人に手を上げた。

しかし、どんなに制裁を加えても糠《ぬか》に釘で、山際と松岡のバッテリーは要領を使って歩いてしまう。とことこ歩いていて、背後にタクシーを発見すると、ようやく走り出すということの繰り返しで、まるで埒《らち》が明かなかった。このままでは、他の部員に悪影響が出て、二人が浮いてしまう。

勉強の成績は最低、最悪だったが、山際も松岡も頭がよかった。勉強しないから試験の点が悪いだけなのである。不良のほうが真面目に勉強する生徒より知恵では数段進んでいるというのが私の持論だが、山際と松岡は喧嘩という修羅場を散々くぐり抜けただけに相当なワルだった。

「お前たちが頭でくるなら、こっちだって」

私は闘争心を掻《か》き立てられた思いで、次から外車のハイヤーに変えて、山際と松岡を追いかけた。

外車だから私が乗っていないと思い込んで、二人はいい気になって歩き続けた。私はドアを開けて飛び出し、相当な覚悟で鉄拳を揮《ふる》った。

「おまえたちが頭がいいのはよくわかった。だがな、どうせ頭を使うんなら、野球で使え」

山際と松岡がようやく真面目にランニングに取り組むようになると、新たに難題を吹っかけた。

「今度は三原山に登れ」

「えーっ」

「ばかやろう、三原山に登らなきゃ全島一周にならねえじゃねえか」

部員たちは一団になって駆け足で山道に挑んだ。

私もあとから駆け足で続いた。

途中で追いつくと、山際と松岡が転んで足に怪我をした部員を背負って、何とか走ろうとしていた。

「おい、みんな、交代でかつげ。全員で登るんだ。それが野球だ」

このときのアクシデントが図らずも野球部のチームワークに心を通わせる結果になった。

もちろん、山際と松岡は新チームの一員として受け入れられた。

偶然を味方にする。

部員たちはチームワークを血の滲《にじ》むような汗の中で学び、私は合宿を振り返ってそのことを肝に銘じた。

9

私のねらい通り、山際稔は二年生から正捕手、松岡信哉もレギュラーの座を獲得した。

しかし、結果は神奈川県大会の準々決勝でY校（横浜商）に敗退。

球技というように野球はたった一つの白球を追う競技である。足腰をどんなに鍛え、素振りを一万回繰り返したとしても、ボールにかすらなければ勝ちにつながらないし、落球でもしようものなら勝利に逃げられてしまう。ボールにくらいついていく気持ちと体が一致しないと、野球のレベルは向上しない。だから、練習の基本はボールを使ったメニューにある。だが、ボールを使う時間は陽のあるうちに限られていた。

もっとやれないか、もっとやれないか。

考えた末に思いついたのが、自動車のライトを照明に使うことだった。

私はポンコツのオースチンをグラウンドに持ち込み、暗くなるとライトで照らしてノックを続けた。

ライトを背にした私はともかく、まともに光を浴びる選手はまぶしくて、ボールが見えたときには、もう間に合わない。顔面直撃、ボディーブロー、脚部打撲でろくに捕球できなかった。

「監督、まぶしくって、見えません」

「ばかやろ、見えませんで野球になるか。自分で工夫しろ」

私は選手の泣き言には耳も貸さず、ノックを浴びせ続けた。

習練とは繰り返すことである。習うより慣れろともいう。理論はあとで必要になるが、基本は心技一体である。私はポンコツ・オースチンの利用を、なぜもっと早く思いつかなかったのか、とのちに後悔したくらいである。

最初は及び腰でよけようとばかりしていた選手が、打撲に麻痺《まひ》して慣れてくるうちに、低く構えてボールにくらいつくようになった。攻撃は最大の防御なりというが、昔からいい古された言葉が実に合理的だと思うようになった。

選手の動きは溌剌《はつらつ》とし、守備範囲が広がった。ようやく選手の気持ちと体が一つになったようだ。

死に物狂いで戦った者同士の中に明暗がある。

恐らくこの言葉を先にいったとしたら、選手は単なる精神論として聞き、体で理解することはできなかったろう。

「体で覚えろ、ボールにくらいつけ」

厳しく鍛えることを野蛮とする向きもあるようだが、心技一体の裏づけを持たない理論は結果を生まないし、逆に合理的ではないとさえ思う。

のちに、私は野球以外に視野を広げるため、各分野で活躍する方々と交際を深めるのだが、どの方も等しく汗を流し厳しく指導を受けた経験を過去に持っておられて、それがあって、今日があると一様に感謝した。

私は笹尾野球を踏襲しただけだが、その後、自分なりに考え、工夫を加えてからも、やはり、基本は習練の域を超えなかった。習練を超える方法はないということなのだろう。

しかし、その確信にたどりつくのは容易ではなかった。一つの到達点に立った者のみが持つ確信だったからである。

10

全国大会優勝という栄誉とは別に、私が会心の思いで記憶するのは山際稔や松岡信哉がいた時代である。

二人を鍛えに鍛えた結果、彼らには野球以外なくなって、いつしか凶暴性は影を潜めた。目に棘《とげ》がなくなり、外見からしてこんなにも変わるものかと、私は内心ひどく驚かされた。

しかも、かつて横須賀で番長を張っていただけに二人の統率力は抜群で、山際などはチームメートから信頼されてキャプテンになったほどだ。捕手でキャプテンの山際のリードで、投手の山本秀樹が急成長した。

口にこそ出さなかったものの、問題児がキャプテンになったことは、自分のクビがつながったという以上に大きな意味があった。このバッテリーで甲子園に行けそうだぞ、と確信に近い期待を私は抱いた。

一九六九（昭和四十四）年、夏の神奈川県大会が始まった。横浜高校は二回戦から出場、打線が爆発して十五点をもぎ取って、山本、山際のバッテリーで県商工を零封、五回コールド勝ちして幸先よいスタートを切った。三回戦は浅野高の石川投手の好投で一転して投手戦となり、二対一の辛勝。四回戦で当たった三崎高戦で、信じられないことが起きた。

山本秀樹はこれまで一人で投げ抜いてきたが、疲れるどころか球のキレがよくなる一方で、回を追うごとに三振の山を築いていく。

ひょっとすると、ノーヒットノーランか。

選手は無言でベンチが静かになった。

「おら、声を出せ！」

怒鳴る私も喉《のど》が渇き切っていた。

打線は序盤、中盤と小刻みに得点して、見ていてラクな試合のはずなのに、奇妙な緊迫感がベンチに漂った。結局、ノーヒットノーランは逸したが、かえってほっとしたくらいだった。試合は七対〇の完封勝利で、完勝だった。

試合が終わると新聞記者がグラウンドに飛び出してきて山本に声をかけた。

「おめでとう」

勝利を祝うだけなら、駆け寄ることはないはずだ、何かおかしいなと感じていると、マネジャーがスコアブックを私に見せた。三振を表す「K」がいくつも並んでいた。数えると二十もあった。ノーヒットノーランに気を取られていてわからなかったのだ。もちろん、神奈川県大会の新記録である。

「今日のことは忘れろ。次の試合に集中しろ」

私はバッテリーを厳しく戒めた。

準々決勝の追浜高戦を八対二で勝ち抜き、準決勝を迎えた。対戦相手の南高・中村投手が好投し、山本も点を与えない。両校ともに零を重ねて、とうとう延長戦にもつれ込んだ。予想した通りだった。これが試合の怖さなのだ。私はそれこそ祈るような気持ちで、バッテリーに打たせて取れ、打たせて取れといい続けた。

延長十四回、先攻の横浜高校がついに念願の一点をもぎ取った。やったという思いと同時に物凄い重圧がのしかかった。

「あっ、監督の俺が、こんなことじゃいかん」

私は本能的に地面を足で探した。

11

足が宙に浮くという感じだった。点を取って優位に立ったはずなのに、突然、目の前に壁が現れた。虎の子の一点、これを守れば終わりだ、という自分の思いを私は必死で振り払い、ポンコツ・オースチンのヘッドライト・ノックの成果が問われるときがきたのだと、すぐさま気持ちを切り替えた。

「打たせて取れよ」

私はそういってバッテリーを送り出した。

山本秀樹、山際稔のバッテリーは南高の反撃を封じ準決勝の試合を見事に締め括《くく》った。私は甲子園行きを確信した。

これなら行ける。

チームの牽引力となった山本（左）、山際のバッテリー

監督の私が、つい、その気になってしまった。

決勝の相手は歴戦のつわもの原貢監督が率いる東海大相模だった。相手の上原投手は立ち上がりから好調で、味方は点が取れない。山本秀樹も序盤二回を無得点で切り抜けた。しかし、三回、二点を奪われてしまった。勝てるという私の思いが、あせりに変わった。

「まだ六回ある。何とかしろ、何とかしろ」

私は心の中で選手を叱咤《しった》激励するだけで、頭に描いた優勝の二文字しか見えなくなっていた。

回が進むうちに、二点がどーんと重くのしかかった。相手ベンチの原監督の姿が急に大きく見えた。その姿の憎々しさといったらなかった。

おまえなんかには、まだ負けないよ。

まるで私を嘲笑《あざわら》うかのように落ち着き払っていた。

もちろん、感情的に受けとめてのことではない。畏敬《いけい》の裏返しである。原監督は三池工を率いて甲子園で優勝した経験があったし、東海大相模を強豪に仕立てた鬼監督である。野球の先達というだけでなく、人生でもひとまわり近い先輩であった。監督としての力の差を見せつけられたことが悔しかったのだ。

このときはまだ、私は選手が監督の心を読むということを思わなかった。神奈川大会で優勝してから甲子園の支度をすべきなのに、私はその前に心で準備をしてしまった。だれもそれと気づかないほどの万分の一の慢心、気の緩みの恐ろしさ、すなわち、野球はまさに精神的スポーツで、最大の敵はおのれにありと思い知るのはまだしばらく先のことである。

試合は二対〇で東海大相模が勝ち、甲子園行きの切符を奪い去った。

「強いだけでは勝てないんだぞ」

私はまさしくそのことを原監督から教わった。しかし、私は気づかなかった。気づいていれば後日の失敗はなかったのだが、悔しさをバネに本来とは別の方向へ突っ走った。

鍛えるだけじゃ駄目だ、もっと強い選手が入部してこなければ。

笹尾野球の手順さえ、私は逆にやっていた。

強い選手が何人も入部して、鍛え抜くのが本来の笹尾野球なのに、私はいきなり鍛えることから始めてしまった。東海大相模に蹴落とされた悔しさとその反省から、私はまわり道を経て、大きな代償を支払い、初めて笹尾野球の原点に立つに至った。未熟ですまないと、私は心で選手に詫《わ》びた。

12

私が初めて県外から呼んで大森西の共同アパートの六畳一間に住まわせた選手が、大阪府守口市の風呂屋の息子で、捕手の井須博己であった。私がお百度を踏んだ投手に断られたとき、彼が行きたいといった。

合宿所もちゃんと用意してある。横浜高校は県立で優秀な学校だ――。

強い選手欲しさに、私が詐欺師まがいにいって獲得しようとした投手が来ないで、予定していなかったキャッチャーのほうが来てしまったのである。

甲子園優勝はまだ私の脳裏にあるだけで、口に出してはならないことだが、実現すればクビの心配もなくなるし、渡辺の家も、田中の家も、夫婦を受け入れてくれるだろう。それこそ雑多な目標が胸の中で渦巻いていた。キャッチャーでも贅沢はいえなかった。挫折、挫折できたが、千里の道も一歩からである。

夜は井須と妻、紀子の真ん中に入って川の字になって眠り、まだ暗いうちに起き出して素振りを千回するのを日課にした。朝食の用意ができると三人で食べ、京浜急行の電車で学校へ行く。昼間は事務職員としてデスクワークをこなし、放課後を待ってグラウンドに飛び出し、選手に千本ノックを浴びせた。

こいつらを鍛えないかぎり、俺の明日はない。

結果を出さなければ、いつクビをいい渡されるかわからない。横浜高校野球部の監督になれたのは偶然の幸運であって、この地位を失ったらもう行く先はないのである。いつ、どこにいても、ふっと不安が頭を持ち上げた。正直にいって、最初のころの私には選手に対する愛情などかけらほどもなかった。

当時の私ははったりで豪快ぶっていたが、冗談一ついえない人間だった。神経質で、結果ばかり欲しがって、なぜそうならないんだと思い詰めていた。

狭いグラウンドでポンコツ・オースチンのライトで照らしながら夜の十時まで練習を続け、くたくたに疲れて帰ってから、さらに夜半の一時近くまで井須と二人で素振りを繰り返した。それから、ようやく三人で川の字になって眠り、また夜明け前には起き出して、日課の素振りを千回。

異常な振る舞いというほかなかった。

しかし、紀子は不満がましいことはいわなかったし、顔色にも出さなかった。内心ではこの人とやっていけるんだろうかと不安を覚えたと思うのだが、小さいときから母性の眼差しで私を見つめてきていたから、見捨てられない気持ちだったのだと思う。

タコ部屋同然の暮らしだというのに、井須が逃げ出さなかったのも、紀子の包み込むような母として、姉としての愛情があったからに違いなかった。

やがて、歩いても通える場所に移りたくなって、私は紀子に相談した。

杉田駅の近くに手ごろなアパートを見つけた。

「引っ越そうか」

「いいですよ」

紀子は二つ返事で同意し、自分の蓄えから費用を出してくれた。

13

妻がある程度の蓄えを持っているのは知っていたが、私は大した金額ではないだろうと勝手に決めつけていた。二十代前半の私も食欲旺盛だが、育ち盛りの井須の胃袋は輪をかけて底なしだった。

このままでは、こいつにわが家は食いつぶされてしまう。

恐怖を覚えた私は窮余の一策として、パチンコで景品の缶詰を調達しようと考えた。

平和島から谷津坂まで電車の所要時間は三十分とは違わない。気分的に遠く感じるだけで、それだけでは引っ越す理由にならなかった。本当は駅のまわりに繁華街が開けていて、パチンコ屋のある場所が望みだったのである。

私は事務職員だが、どちらかというと名目的なもので、野球部の監督と見られていたし、学校もそちらに期待するところ大で、他の事務職員に比べて比較的管理がゆるやかだった。私はそこにつけ込んで、暇ができると適当な理由をいって杉田駅に行き、パチンコの玉を弾くようになった。

むしろ、そのための転居だった。

当時のパチンコ台は手で弾く仕組みで、趣味でするものではなく、生活のためにすることだったから、短い時間にいかに多くの玉を弾き、当たりの穴にいかにして命中させるかが勝負どころだった。

見つかれば、それこそ処分の対象になりかねないのだが、私は前後を顧みるゆとりもなく、缶詰確保を至上命令として馬車馬のようにパチンコ台にくらいついていった。

一球入魂ならぬ一玉入魂であった。

私はめきめき腕を上げ、戦果も華々しかった。

しかし、学校には知れないまでも、いつしか近所の噂になって、私はろくでなし亭主の烙印《らくいん》を押されてしまった。これが二度目の転居の理由である。

次に移った先は同じ杉田の長屋であった。味噌、醤油を切らしたから貸してくれ、それが通る世界だったから、住人はろくでなし亭主にも寛容だった。私は現状維持と保身のためにありとあらゆる手段を駆使していった。

私はどこまでも自己中心に振る舞ったわけで、妻も私のすることにとっくに気づいていたが、最初から頼りっぱなしになる覚悟で結婚した紀子は知らん顔で何もいわなかった。振り返っても驚くべきことなのだが、小さいとき再婚した母親に見捨てられ、中学校ですでに自立の腕を身に付けた妻にしてみれば、当惑するほどのことでもなく、まだ私という伴侶がいるだけましだったのかもしれない。まさに艱難《かんなん》汝《なんじ》を玉にすということではなかったろうか。

こうして三人で暮らすうちに、猪ノ尾、二宮の二人が加わってきた。部屋が狭くて入り切れなくなって、住み心地のよい杉田長屋を引き払って富岡に移ることになった。

部屋数が増えて家賃も高い、礼金・敷金も馬鹿にならない。それを紀子はぽんと出した。もっと大変な暮らしになるというのに。

こんなに好都合でありがたい妻はなかった。

14

ある日、妻の紀子がいい出した。

「このままではなし崩しに蓄えがなくなってしまうから、どこかに自分たちの家を買いましょう。そのほうがあなたも気兼ねなく子どもたちの面倒を見られるでしょうから」

当時、家を持つのはサラリーマンにとって夢のまた夢だったが、妻が工夫をして少なからぬ蓄えをしていた。横浜高校の近辺は高くて手が出なかったため、妻の蓄えを頭金に私がローンを組んで相模原市の郊外の大沼にまず土地を買い、大工になっていた同級生遠藤健次の協力を得て集めた古材で敷地いっぱいに総二階の家を建てた。私設合宿所がこうして出来上がった。将来、横浜線に古淵駅ができるという話に飛びついた感じだったが、横浜線町田駅と淵野辺駅の間の西側奥深く入ったところで、まわりはすべて田畑だった。小田急相模大野駅からバスしか交通の便がなく、最終バスは夜の八時台に出てしまうような辺鄙《へんぴ》な場所でもあった。

井須、猪ノ尾、二宮の三人を連れて、私たち夫婦は念願のマイホームへ転居した。気の毒だったのは三人の部員だった。最終バスの出る時刻はまだ野球部の練習の真っ最中である。登校時はさておき、野球部の練習が果てて相模大野駅に着いたときには、すでに最終

綿密なメモは若い時から欠かさない

バスが出たあとだった。

彼らは疲れた体で走って家に帰るほかなかった。走る気力も体力もないときは私を待って、タクシーに相乗りして帰るほかなかった。帰ってからも練習が待っていた。夜中の一時に床に入って、四時には起床して素振りをくれるから、私も彼らも睡眠時間は三時間しか取れなかった。

ある日、井須のポケットからパチンコの玉が転げ出てきた。

「おまえは野球のことだけ考えてればいいんだ」

私は井須を怒鳴った。

井須は私たち夫婦と一緒に暮らしてきたから、私がパチンコで食物を調達した時代をそれとなく知っていたに違いなかった。マイホームに移ってからも、彼らにろくなものを食べさせられなかった。井須なりに考えてパチンコで貢献しようとしたのだろう。

気持ちは嬉しかったが、目的からはずれたことである。私はこんなことでは駄目だと思って、三人を徹底的に鍛えた。彼らも歯をくいしばってついてきた。傍で見ているほかの部員が、おまえ、適当に力を抜けよぐらいのことはいったと思う。それでも手を抜かなかったお陰で、全員が影響を受けた。最初は渋々という感じだったが、遂に本気になった。

そこまで鍛えても、やはり甲子園は遠かった。

井須は卒業して大阪に帰り、やがて、モーテル商売で成功し、そこから這い上がって、とうとう三重県でビジネスホテルを経営するまでになった。井須の先輩捕手の山際稔はいすゞ自動車のロサンゼルス支店長になった。わが家に最初に合宿させた選手が、いずれも私のいう人生の勝利者になった。チームを強くしたい一心の鉄拳を、山際と井須が愛の鞭《むち》と誤解してくれた結果であった。

第三章　永川でセンバツ初出場・初優勝

1

人間、死ぬ気になれば、何だってやれる。潮田中学から永川英植投手を獲得するまでの私は、それこそ死に物狂いで強い選手を求め続けた。

私立の横浜高校を県立と偽り、生徒の成績は優秀で素晴らしい学校だと触れ込み、合宿所も完備しているとでたらめをいうことなど、朝飯前のことだった。とにかく、来てくれさえすれば、あとはどうにかなるという腹づもりだった。打倒東海大相模という目標が、私をそうさせたのだ。

ただし、釣った魚に餌はやらない、ということだけはしたくなかった。

私には紀子という最高の女性が味方についていた。当時、私に欠けていた選手に対する愛情を、妻は補ってあまりあるほど持っていた。私には最高の妻であり、選手には最良の母親だった。

県立が私立で、優秀な学校がそうでなかったとしても、野球しか取り柄のない選手には大して実害のあることではなかったが、合宿所完備と謳《うた》った手前、いつまでもわが家ではまずいので、学校に頼んでプールの下の物置を改造し宿舎にした。問題は選手の賄いだった。学校にはそこまで頼める段階ではなかったから、妻を拝み倒して通って来て貰うことになった。

当然、相模原にいたのではどうにもならなくなって、家を売って学校に近い杉田台に引っ越し、また借家暮らしに戻った。

食事を用意する選手の頭数が一挙に増え、どんぶりめし七杯という徒名《あだな》がつく選手も現れて、炊事の忙しさは昨日の比ではなかった。夕食のごはんを残しておいて、練習後の夜食にチャーハンをつくって食べる選手がいることを知ると、以来、炊飯の量をわざと多めにするなど、合宿所のわが妻の気配りはなかなか行き届いた。

坂田三吉と小春ではないが、私はそういう妻に甘え放題で、あの手この手の思案を胸に強い選手探しに狂奔した。

そのころ、私が一番の頼みにしたのが、横浜高校野球部ＯＢで、潮田中学野球部顧問の中村泰則先生だった。当時の潮田中学は多くの問題児を抱え、中村先生は野球で問題児を更生させ、社会へ高校へと送り出し、周囲もその功績を認める人だった。

その心において私など及ぶ人ではなかったが、志に共通するものがあったからだろう、よい選手を横浜高校に優先して紹介してくれるようになった。

「先輩、今夜あたり、どうですか」

私は先輩・後輩の関係から中村先生の自宅を訪ね、頭を下げて強い選手を紹介して欲しいと頼んだ。

私の希望は潮田中学一年生のときから怪物といわれた永川英植投手だった。東海大相模の牙城を抜き、甲子園で優勝するためには、永川が入部する以外に方法はないという一念から、練習で疲れた体に鞭打って中村先生にひたすら頭を下げた。しかし、永川の卒業までまだ三年もあった。

2

いつしか、私たち夫婦には二人目の娘が生まれ、紀子の育児の負担も倍になっていたのだが、上の娘の手を引き、赤ん坊を背負いながら黙々と選手の食事をつくった。

ある日、紀子が顔色を変えて練習中のグラウンドに駆け込んできた。落ち着いて取り乱したことのない妻の目が吊《つ》り上がっていた。

「娘が、四〇度も熱を出して…」

「出てくるな!」

「困った。どうしよう」

病院へ連れて行こうにも車などなかったし、救急車を呼ぶことが思い浮かばないほど追い詰められたのだろう。なのに、私は怒鳴って妻を追い返した。

「うるさい。勝手に、どうにかしろ」

練習中で、しかも、野球以外は私の頭になかった。妻もとっさに気づき、納得して引き返した。亭主の命がけの職場に私事を持ち込んだことを反省して去ったのだと思う。

世間一般の常識では考えられないことだろうが、妻は渡辺元(現在、元智)という男に夢を託していた。幼いときに母親と別れ、姉妹がばらばらに親戚に預けられ、どこにいるかも教えられなかった妻にしてみれば、私を甲子園に送り出し、優勝させることが忠臣蔵だったのだ。私が甲子園で優勝して過去と現在の屈折した思いを清算しようとしたように、紀子も亭主を栄光に導くことで生い立ちの不幸を記憶から拭《ぬぐ》い去ろうとした。だから、亭主が野球浸けに毎日を送って家庭をまったく顧みないでも、紀子はむしろ男はそれぐらいでなければ駄目だという程度に受けとめ、死に物狂いで私にくらいついてきた。

良くも悪くもそういう夫婦だった。

しかし、娘のために何もしてやれなかったという後悔はある。何もしてやらないどころか、あの手この手の道具としてさえ利用した。

そのことはもう少し先に譲るが、永川投手がいよいよ中学卒業を迎え、強豪校からの勧誘が激化した。東海大相模からも声がかかっているはずだった。もし、東海大相模など強豪校に行くようなことがあったら、恐らく向こう三年間は横浜高校の甲子園行きはなくなってしまう。

永川英植の一年先輩に作新学院の江川卓投手がいて、怪物といわれる活躍をしていたが、彼の騒がれ方はその上をいっていた。私としてはそっと片隅に置いて欲しかったのだが、マスコミは容赦なく書き立てた。

私は気が気ではなく、無理に時間を取って、中村先生の自宅と学校に何度も通い、ひたすら頭を下げ続けた。今、考えると、そこまでしないでも、夫婦で部員を鍛え世話をする姿だけで十分だったのかもしれない。

そろそろ永川投手の行く先を決めるころだというときになって、中村先生が私にいった。

「永川は横浜高校に入りたいといっています」

やったというあのときの思いは、今も忘れられない。本人の意思だというが、中村先生の指導もあったのだろう。中村先生が私の野球人生の恩人の一人になった瞬間であった。

3

永川英植は噂以上の逸材だった。しかも勤勉で実直な性格だった。私の指導に忠実に従った。あるとき、永川にグラウンドを走らせたまま、私が接客に追われて長時間不在にしたときも、彼は黙々と走っていた。私が戻って気が緩んだのか、永川がばったり倒れた。私よりも部員が永川のことをよく知っていて、彼には昔から貧血の持病があるのだという。私はキャッチャーの沢木佳美が思わず逃げ腰になるほどの永川の投球を惚れ惚れとして見守りながら、思わぬ難題を突きつけられた思いで、内心、頭を抱え込んでしまった。果たして、永川の運命というほかない持病の貧血は、時と場所を選ばず不意に現れて、彼の豪腕から繰り出されるボールの威力を半減させた。

一九七二（昭和四十七）年、永川・沢木のバッテリーで夏の神奈川県大会に臨んだ。初戦二回戦の関東学院戦は十四対〇で快勝。永川はノーヒットノーランを記録した。三回戦の市川崎工を六対〇で撃破、四回戦の県商工も五対〇で下し、東海大相模と準々決勝で対戦することになった。

ついに東海大相模に雪辱を果たすときがきた。

永川はこれまで相手に一点も与えてこなかった。永川のボールを打ち返すだけの力のある強打者はどこにも見当たらなかった。宿敵東海大相模にこれまでの借りを返し、原貢監督に一矢を報いるつもりで、私はベンチに入った。

センバツ初出場・初優勝の原動力、永川英植

だが、永川を擁してさえも、東海大相模原監督は永川を研究し、攻略法を考えてきは壁になって横浜高校の前に立ちはだかった。ていた。加えて永川の貧血が三回に出た。

永川の貧血がなぜ東海大相模と対戦したときに出たのか、振り返っても不思議でならないのだが、運も実力のうちというから、それが原監督と私の差でもあったのだろう。

永川は三回に二点を失ってから立ち直り、四回以降は点を与えなかった。味方打線が好投する相手の石黒投手から五回と八回に一点ずつもぎ取り、ようやく延長戦に持ち込んだ。

そこで、私は永川の貧血の何たるかを嫌というほど思い知らされた。私のスパルタ練習に耐えた永川が、疲れではなく不可抗力のガス欠でダウンしてしまったのである。急きょ、私は控えの鈴木投手を救援に立て、延長十一回の表に一点を入れると、祈る思いで逃げ込みを図った。

だが、なぜ、横浜高校が先攻だったのか。

味方の一点が呼び水になったとしか思われないのだが、なぜかその裏、二点を奪われての逆転サヨナラ負け。私は全身から血が引く思いで呆然とした。

スポーツというか、勝負がついてまわる物事には、必ず「たら、れば」がついてまわる。それはないと世間はいう。だが、ここぞというときほど、運命に体を躱《かわ》されてきた私は、厳然としてそれはあるという。そして、甘んじて受け入れ、深く噛み締める。

しかしながら、運命の女神が私にまだ、やることがあるだろうと呼びかけていた。永川に貧血の持病さえなかったら、という未練の思いが私にかつてない執念をもたらした。

4

勝負はやり直しが利かないし、ひとたび決した勝敗を書き換えることはできないが、一過性のものではないと私は理解している。勝負事から「たら、れば」を取ってしまったら、執着心が失われ、工夫も進歩も生まれないだろう。

宿敵東海大相模にまたしても…。

立ち直るのに少し時間を必要としたが、まだ来年がある。私は気を取り直して妻と相談し、永川英植の貧血をまず食事面で解決しようとした。

だが、永川は特別扱いを嫌がった。中村泰則先生の薫陶もあるのだろうが、そういうところが彼の人となりのすぐれた面だった。私は密かに感銘を受けたが、それでは困る。永川だけだとまた嫌がるだろうと考えて、私は二、三の選手と一緒にわが家に住まわせることにし、たらふく食べさせようと試みた。

横浜高校野球部のOBの一人、平岡投手（元大洋）が心配して来てくれて、私にアドバイスした。

「キャベツがいい。丸ごとむしって食べさせろ」

妻の蓄えは底をついてしまっていて、選手たちに食べさせると私たち家族の口に入るものはキャベツの芯の部分しか残らなかった。妻はキャベツの芯を工夫して食べられるようにし、泣き言一つ言わなかった。

すべて野球のためにすることと理解してくれた妻の執念も凄かった。

牙城・東海大相模と原貢監督がそこまでやらせてくれたのだ。監督就任わずか四年で横浜高校を甲子園に出場させた笹尾晃平さんの功績も、私には大きなカベになっていた。あの二人を超えないかぎり甲子園優勝はおろか、出場さえできないと思うと、二重、三重に死に物狂いにならざるを得なくなった。笹尾元監督だけでなく、知らず知らずのうちに原監督が私に高いハードルを与えてくれた。今は感謝あるのみである。

私はろくなものしか口に入らない家族のため、そして選手たちにもっと食べさせるために、パチンコの景品取りを再開した。かつて取った杵柄《きねづか》だが、腕は落ちていた。私は三つになった娘を連れて行き、周囲の人の足もとに落ちている玉を拾わせて、パチンコ台に向かった。大人の私が拾うとにらまれるが、娘だと同情してくれて、手にした箱に玉をごっそり分けてくれることもあった。元手がかからないから、パチンコがギャンブルになって家族のクビを絞める心配はなかった。妻は何かいいたいようすだったが、最後まで黙認してくれた。親として落ちるところまで落ちたなというのが、私の思いだった。

こうなったら、あとは這い上がるのみ。

横浜高校は一九七二（昭和四十七）年秋の神奈川県大会で優勝し、関東大会では江川卓投手の作新学院に敗退し準優勝に甘んじたが、翌年の選抜大会出場を確実にした。暮れのうちに膨大な資料をつくって高野連事務局に提出し、あとは判定を待つばかりとなった。

期待はある、だが、どうだろうか。

私はどうだろうかのほうを考え、そのときはこうと身構えた。思い返しても、あのときの心理ほど嫌なものはなかった。

5

横浜高校が選抜に出場するとしたら、初の快挙である。周囲は選抜出場間違いなしといったが、私は結果が出るまでは何が起きるかわからないという気持ちでいた。過去の失敗がいかなる予断も私に許さなかった。だから、私一人だけが内心ではらはらどきどきしていた。

運命の一九七三（昭和四十八）年を猛練習で迎え、横浜高校が晴れて選抜大会の出場校に選ばれた。ようやくという思いと、だが、まだ優勝したわけじゃない、という自分に対する戒めが内面で葛藤した。結局、頂点を見据える自分が勝った。私はそういう自分に満足した。

「いいか、優勝だぞ」

私は最後まで心の中で唱え続けた。

横浜高校は永川英植投手頼みのチームであった。彼の持病の貧血は完治とまではいかないまでも、かなり改善されていた。そこに私の手応えがあった。

果たして永川投手は選抜大会を一人で投げ抜き、横浜高校に初出場初優勝の栄誉をもたらした。

1973年のセンバツ優勝で抱き合う永川(左)、沢木のバッテリー

やったぞ。とうとう登りつめたぞ。

これまで抑制していた私の心が歓喜ではじけた。

甲子園から凱旋した私を待っていたのは、夢のような境遇の変化だった。横浜高校に入りたいという優秀な中学野球選手が一挙に増え、これからも渡辺で

センバツ優勝の祝賀会で喜びを表わす

いこうという声が校内から出た。そして、行く先々での見知らぬ人たちからの祝杯攻め。

野球で頂点を極め、人生の難問をクリアして、私は美酒に浸った。決して気を緩めたつもりはなかったのだが、結果として練習への情熱がどこか薄れた嫌いがあったに違いない。

次は春夏連覇。

目標だけは高く掲げながら、選抜に優勝したそのままの勢いで夏の神奈川県大会に突っ走ったが、準々決勝で桐蔭学園に一対〇で敗れた。

そして、翌七四（昭和四十九）年は、二年連続で選抜出場を果たしたが、夏の県大会では、初戦の県横須賀工こそ楽勝ペースに救われ、後半、永川を休ませたものの、やはり彼一人に頼って決勝まで進んだ。

対戦相手は、牙城・東海大相模。

私は永川を信頼し、勝利を確信して疑わなかった。しかし、過去の苦い経験から心に芽生えた予断を懸命に排除し、油断なく試合に臨んだ。

ところが、またしても魔の二回、永川が三点を奪われ、五回にも一点を失い、味方打線の反撃は一点にとどまり、四対一で涙をのむ結果となった。恐らく、ここまで同一校に痛めつけられた例は、ほかにないのではないだろうか。どこまで祟《たた》る東海大相模というのが、私の当時の心境であった。

過去の失敗に十分学び、私の胸には、油断も、慢心も、一切、なかったはずである。それなのに、またしても同じ相手にしてやられた。なぜだろう。

考えれば考えるほど、疑問は深まるばかりで、答えが見いだせなかった。

東海大相模がどうのというより、原貢監督と自分の違いは何だろうか。

永川を擁する横浜高校のほうが明らかにチーム力は勝っているのだから、監督の資質の問題と受けとめるほかなかった。

何が欠けているのか。

私は真剣に思い詰めて原因を知ろうとした。

6

東海大相模の原貢監督に資質では及ばない。それは認めるとしても、勝つための答えではなかった。及ばぬのなら、それを補う何かが必要なのである。野球では出せない答えを、私は久保山の光明寺住職で、全日本仏教会・宗教会理事長の白幡憲佑師と藤木企業の藤木幸夫会長に求めた。白幡憲佑師は横浜高校ＯＢ会の会長で、藤木会長はかつての神奈川工高のキャプテン兼捕手として、わが校ＯＢの河原勇投手と現役時代から個人的にも深く付き合ってきた。

そうした立場から、お二人は私に豊富な人脈からこれはという人々を紹介し、それとなく視野を広げようと努めてくださった。お二人との出会いを契機に、私は野球以外の世界にも目を開かされるのだが、それは追い追い述べるとして、当面の問題は私の悩みがいかにして解消するに至ったかにある。

ある日、私は岩登りの経験を持つ人と飲む機会を持った。悩みに悩む私だが、ストレートにいえる人間ではなかったから、いろんな人と酒を飲んで憂さを晴らすほかなかった。

当時はロッククライミングが盛んな時代で、事故もまた多かった。話題が岩登りの事故に及んで、社会人クライマーのその人がいった。

「大学ワンゲル部の死のしごき事件などは、語るに値しません。個人の趣味と思われている山登りにも、明確な上下関係と厳格なルールがあります。だから、ベテランが新人を死なせるなど言語道断です。団体で登るときは一番弱い者に足を揃えるのが基本ルールです。弱い者を強い者に合わせるよう無理強いしたら、もはや、根性の問題ではなくなって拷問です。常に生死と隣り合わせたロッククライミングでお互いをつなぐザイルはいわば一蓮托生《いちれんたくしょう》ですから、何よりもまず相手を選び、お互いの技量以上にチームワークを重視します。しかし、技量も一つの基準ですから、都会でも個人的にトレーニングを試みて、アタックに備えます。登山と野球との違いは練習を個人でやるか、集団でやるかというだけで、厳しさはまったく同じです」

私は同感とうなずいて耳を傾けた。

しかし、それでも事故は起きる。ロッククライミングの事故は、難関を突破して気が緩んだときに起きる。こんなところでなぜという場所で、必ず吹っ飛んでいる。登ったら下らなければ、次のアタックはない。下界ではわかっているのに、なぜか肝心の現場で忘れてしまう。

登ったら下って、次のアタックに備える。

なのに私は、選抜優勝の頂点からいきなり次のピークを目指してしまった。原因はそれ以外に考えられなかった。

当たり前のことを、選手が当たり前にできるようにする。

基本と口でいうのはたやすい。言葉で理解するのも簡単である。わかっていたはずなのに、私も勝負のかかった野球の現場では、それを忘れてしまっていたのだ。すなわち、わかってはいなかった。

私は衝撃を受けながら原貢監督とこれまでの自分の違いを理解した。

7

深刻に悩み、答えを求める一方で、野球にとって勝利の頂点がいかに大切な要素かということを、私はしみじみと噛み締めた。両方相俟《あいま》って初めて、私はかつての師笹尾監督の野球を土台にし、のちに渡辺野球といわれるような方向に進むことができたのだった。

新たな方向は、たとえていうならば、潮田中学の中村泰則先生であろうか。

体育教師でもある中村先生の指導には選手に対する愛があった。不良と烙印《らくいん》を押された選手を野球で更生させ、世の中に送り出そうという使命感が愛情から生まれた。それまでの私は永川をはじめ多くの優秀な選手が入部、その恩恵の上にあぐらをかいてきたようなものだ。

山を一つ越えて、次の山が見えたとき、私の胸に鋭い痛みが走った。

山際稔、松岡信哉の二人を野球で更生させたことは前に述べたが、それは彼らが私の指導を結果としてよいほうに受けとめてくれたからで、いわば僥倖《ぎょうこう》というべき性質のものだった。

当時、吃音《きつおん》症のＡマネジャーがいた。私はＡの吃音症が疎ましく、いらいらしてよく怒鳴った。

「何がいいたいんだ。ちゃんとしゃべれ！」

思えば恐怖心からだったのだろう、Ａマネジャーは私の前では吃音の悪癖を出さなくなった。

彼のためにもよかった、やれやれと、私がほっとしているところへ、別の部員が訴えてきた。

「監督のいないところで、Ａがまたおかしな癖を出してます」

私の前では吃音が治ったのだから、いない場所でも出なくなるはずだ。私は妙な使命感に燃えてＡマネジャーに威嚇的に治療を試み、そして、彼の吃音症は治った。

しかし、山際や松岡が卒業してからもわが家に顔を出し、私がいなくても奥さんがいればいいといって、留守宅で楽しくひとときを過ごしていくというのに、なぜかＡマネジャーに限ってその後の音信が途絶えたままだ。私の指導には愛情がなかったから、吃音は治っても、Ａは私の仕打ちを恨み、私を憎んでいると思う。

Ａが恩義に感じるのを期待する気持ちを少しでも持った自分が、私は恥ずかしかった。ようやく気づいて、私はこれまでの自分から脱皮しようと決意した。

勝利の頂点に立ったことから心に余裕が生まれたことで、選手を甲子園に出場するための道具ではなく、一人の人間として見ることができるようになった。Ａマネジャーとのことが、またとない反面教師になった。むしろ、私がＡマネジャーに感謝しなければならないのだ。

私は翻然と悟って、妻と自分の違いを、あらためて思った。

ある意味では紀子の生い立ちのほうが、私より恵まれてこなかった。それなのに、いの一番に選手のことを考え、いかなる労力も惜しまず、彼らに尽くしてくれた。妻にはまさしく愛情があった。私にはない。

愛情とは先天的なものなのだろうか。

そうと決めつけたくなかった。ここに、私の新たな挑戦が始まった。

8

新たな挑戦といっても私には中村泰則先生という確かな目標があった。そこへ至る道筋に各界の先達たちが豊かに肉づけし、総身に血を通わせてくれた。

横浜高校野球部OB会名誉会長で二〇〇四（平成十六）年他界された白幡憲佑師についてはのちに愛甲猛投手のくだりで触れるが、藤木企業会長兼社長の藤木幸夫氏からは筆舌に尽くしがたいほど多くの教訓を得た。

「ゲンさんの親の時代は、自分が生きるのに精いっぱいだったから、わが子に愛情を注ぐ暇がなかった。だから、子に愛情が育たない、自分のことしか頭にない子に育つのは当たり前だ。そこに気づくことが大事なんだ。気づかせてくれた野球は恩人なんだ。野球に恩返しすれば、自然に愛情が生まれる」

著者が人生の師と仰ぐ藤木幸夫会長（中央）

藤木会長はこういって私の試みを励まし、自身の経験を語った。

終戦直後、藤木会長は満十五歳になったばかりで、神奈川工高のキャプテン兼捕手だった。部員が二人しか残らなかったところへ、百人を超す新入生が入って、ようやく野球ができるようになった。しかし、横浜大空襲で全壊した校舎の残骸《ざんがい》が瓦礫《がれき》となって校庭を覆い、三十センチもの厚さの障害物を取り除かなければ、練習を始められなかった。瓦礫を除き、わずかなスペースでキャッチボールをし、暗くなってからへとへとになって下校する。

ところが、当時、東横線の駅の改札口には愚連隊がたむろしていて、公然とかつあげをした。藤木会長はキャプテンだったから部員が野球用具を持ってついてきた。愚連隊がカモと見てあとからついて来る。街灯もない暗い道にさしかかると、藤木会長は部員に叫んだ。

「逃げろっ」

妙蓮寺駅から富士塚の自宅まで、藤木会長は部員と一緒に一目散に駆け出した。

当時の藤木会長は血の気が多く、喧嘩も強かった。神奈川工業の藤木といえば知らない生徒はないとまでいわれた。

なのに、なぜ逃げ出したのか。

「不良少年は予科練帰りで腕っぷしが強い。帰ったわが家のまわりは焼け野原、勝つと信じた日本が負けて気持ちが荒んでいる。そんな奴らにどれだけやられたかわからない。神奈川工業で瓦礫を除き、練習をやってくたくただった。野球をやってなかったら、私は暴力沙汰を起こしていただろう。だけど、野球でくたびれちゃってて、もう、喧嘩をする気になれなかった。来るなら来い、なんて格好つけたら、めちゃめちゃにやられちゃう。だから、野球は私の人生の恩人」

そして、続けた。

「知ることが愛することにつながる」

これこそ、私が最も望んだアドバイスだった。

藤木会長は、しかし、それだけで済まさなかった。詳しいことは著書「ミナトのせがれ」に述べられているので省略するが、藤木会長はレディアンツ青年会を組織して愚連隊を自宅に取り込み、妙蓮寺駅から不良少年を一掃してしまった。

9

知ることが何で愛することにつながるのか、それこそ探し求めた指針であったが、抽象的すぎて私には十分理解し切れなかった。藤木幸夫会長は私の納得がいくまで話してくれた。

「私には藤木幸太郎という古典の書がある。おハルという最高の母親からふんだんに愛情を注いで貰った。おハルさんが二十歳のとき亡くなって、いろいろあって野球を捨てることになったが、野球という土台があったお陰で、古典の書を五感で熟読することができた。野球は尊しといえども人生のすべてじゃない。藤木幸太郎、おハルという生きたお手本があったから、レディアンツ青年会を思いつくことができたし、絵空事で終わらなかった」

藤木会長は私が親の愛情にめぐまれなかったことを知って、一〇〇人の会のメンバーに紹介し、ヨコハマともだち会に加えてくれた。メンバーはいずれも各界を代表する方々であるが、地位も肩書も関係のない人間対人間のふれあいがあった。藤木会長は野球一筋の私をわざと目立つ席に据えて、それとなく人脈が広がるように図った。口にこそ出さないが、それが私に対する愛情であるということが、ひしひしと五感から伝わってきた。

愛情をかたちにすると親切になる。

藤木会長を一つの象徴として述べたが、各界を代表する方々はおしなべて何らかのかたちでスポーツを経験し、ルールを学び、汗と泥にまみれた経験を土台にして飛躍した。親切はいわゆる恩返しで、それを果たすことを世の中に対する義理としてきた。

義理、人情、恩返し。

言葉は古くなっても、基本は普遍的である。この三つ巴の壮大な輪廻《りんね》を知ったとき、私の脳裏に閃《ひらめ》くものがあった。

私はもう子どもじゃないんだ。いつまでも過去を引きずっている場合じゃないぞ。新しい渡辺元として再出発するためにも、野球以外の世界から学んでいこう。

私はもう一度原点に立ち返るつもりで、次々に交際を広げていった。学んだことをいちいち挙げたら、書き切れないくらいある。だから、要約していうと、すなわち知ることは愛することなのである。

Ａマネジャーのことも、野球以外に知識を持ち、野球部で見る彼の一面でも知っていればもっとよい面を発見し、理解し、よい結果につながったに違いないのだ。

そうした反省と後悔に裏打ちされているだけに、その言葉の意味が強烈に私の心を打った。

かくして、私の指導法は野球の枠を超えて部員の人生にまで踏み込み、一緒に解決策を模索する中で、また新たなあの手この手の思案を生み、まず自分自身が成長し、意図せぬうちに選手に愛情を傾ける人間に変わった。私が部員に人生の勝利者たれといい出したのは、実はようやくこのころからのことだった。

人生の勝利者となるには何が必要か。

私は選手・部員と一緒にこれからそれを模索することになるだろう。

10

世間にいう何々野球というのは、手本になる要素をふんだんに持つものだが、私のいう渡辺野球は真似て欲しくないし、手まね本にもならないという意味合いが強い。そもそも渡辺野球という言葉自体が平成に入って甲子園の常連になってからいわれたもので、私からいい出したわけではなかった。むしろ、そうなってからの渡辺野球は高いレベルで選手の自主性を重んじ、できれば監督はサインを出さないというものだから、これもまた参考にはならないだろう。

その変遷はいわくいいがたく、強いて説明すれば具象画から抽象画に脱皮する前と後のピカソとでもいおうか。具象画を描いていたころのピカソは徹底して具象を追い求め、抽象画の要素はかけらも持たなかったといわれる。だから、一転して抽象画法に進んでも、どこかに具象が息づいていてデフォルメの妙を感じさせるのだという。

絵画の専門家から聞いたわけではないので、ピカソの説明には誤りがあるかもしれないが、もし、渡辺野球というようないわれ方が妥当であるとすれば、比較する例としてぴったりではないかと思う。

ピカソの具象画時代に相当する私の指導法は、毎度述べるように笹尾野球の踏襲である。強い選手を集めてどこよりも鍛え抜くそのワンパターンに終始した。笹尾野球と渡辺野球に違うところがあるとすれば、人生のどん底から出発したことだろう。家族との関係、家庭の事情、不安定な身分などから生じる落とし穴、東海大相模の原貢監督など強力なライバルが、常に私を挫折の瀬戸際に立たせ、人生の敗残者となる危険を察知させ、警鐘を鳴らし続けた。

ややもすれば、みずから人生の師に求めた人たちでさえもが、俺などは及びもつかないという自己嫌悪に私を走らせようとした。のちには死につながりかねない病気が、私の行く手をおびやかした。

あのままだったら、終わっていたという際どい思い出ばかりである。しかし、いつも、破滅寸前で道が開けた。常に超えるべき当面の目標を設定し、あの手この手を繰り出し続けたからだと思う。

東海大相模の原監督をライバルと書いたが、それは勝負の世界にだけいえることで、人間的には密《ひそ》かに畏敬《いけい》の念を抱いている。私は口に出していわなかったが、選手も打倒東海大相模をみずから合言葉にしたようだ。東海大相模と原監督の存在が、横浜高校野球部の監督と選手の気持ちを一つにしてくれた。

望んで得られるものではないだけに、いつも大事なところで煮え湯を呑まされたライバルの存在があったということが、今にして思えば幸運だった。

一九七三（昭和四十八）年の選抜初出場初優勝の翌七四（昭和四十九）年、選抜大会には連続して出場したものの、夏の神奈川大会では決勝で東海大相模に苦杯を喫した。さらに七五（昭和五十）年の神奈川大会でも、三回戦で東海大相模に阻まれた。

だが、いつかは…。

そういう気持ちになるのは当然だろう。

11

もう一つの幸運が、相次いで起きた部員の脱走事件である。

選手は打倒東海大相模を密かに誓うだけだが、私は加えて原貢監督を超えねばならなかった。打倒東海大相模を果たせないまま巣立った選手は、のちに実力の差だったと達観して述懐したが、監督同士の闘いを続ける私はそうはいかなかった。

東海大相模に勝つため、当然、練習は厳しくなっていった。

最初の脱走事件が起きたのは永川英植投手の活躍で選抜優勝を勝ち取る前のことだ。当時の私は何が何でもこいつらを連れて甲子園に行くんだの執念に燃えて、ひたすらスパルタ練習あるのみ。手に血が滲《にじ》むほどノックの雨を降らせ、二十四時間ぶっ通しで選手を限

センバツ優勝に打撃で貢献した長崎誠

界までしごきあげた。選手が倒れれば叩き起こしてまたやらせる。横浜高校の選手時代、私は笹尾監督に水を飲む暇も与えられなかったため、監督の目を逃れて道端のどぶ川の上澄みをすすって渇きを癒やした覚えがある。それくらいやらなければ甲子園には行けないと信じていた。

今日の常識からすれば常軌を逸したことをしかねず、野球をやめたらどこへ向かってしまうかわからない個性的な部員が多かったから、親は私の指導法を支持し、部員が脱走しようものなら、監督が一生懸命やっているのにけしからんと叱り飛ばした。野口博之の父親、長崎誠の兄などは息子や弟を殴りつけて連れ戻してきたくらいだ。練習に耐えられない、さりとて家には帰れない、隙《すき》あらば逃げようという空気があったことは確かである。とうとう思い余った部員たちは全員で示し合わせ、三つの班に分かれて集団脱走を試みた。

普通だったら逃げても近場なのだが、渡辺透という選手の家が山梨にあったため、長崎誠など数人が新宿へ向かった。ほとんど行く先を突き止めて連れ戻したが、どうしてもわからない選手が二、三人いた。私は練習の合間に友達から友達へつてを頼り、家族の協力も得て二、三日のうちに全員連れ戻した。

個人の脱走もあった。甲子園に出たことのある父親だったから厳しさは私に輪をかけていた。選手たちに心当たりを尋ねると、合宿地の候補に和歌山が挙がったとき、駅前の寿司屋で働いてみんなに食わせると英雄気取りでいっていたことがあるという。私は和歌山へ行って寿司屋を片っ端から訪ね歩いたが、どこにも見つからなかった。しかし、一カ月近くかけて渋谷で新聞配達をやって生活している選手をとうとう発見した。

連れ戻された部員たちは、たとえわずかな間でも自分で生きるむずかしさを体験し、後悔し、逃げまわるくらいなら、以前のように監督にしごかれる日々のほうがはるかにましだと考え直したようだ。連れ戻すときの彼らは救われたような表情で、以後、見違えるほど自分から練習に身を入れるようになった。

禍《わざわい》が転じて福になったわけである。

12

長崎誠ら部員の大脱走劇をきっかけにして、打倒東海大相模は単なるスローガンでなく、自主的に取り組む猛練習に裏打ちされ、情熱を伴った闘志に昇華されていった。

部員が成長したというのに、私は依然としてスパルタ教育に頼っていた。選手がいう通りにしなかったり、つまらないミスを繰り返せば容赦なく手を上げた。

前より厳しさを増した練習が行われる校庭グラウンドの周囲には、まだ野兎やキジが出没する自然が残っていた。世六千代志さんという狩猟の好きな人が練習に打ち込む選手の姿を見て感心し、仕留めたばかりの獲物を持ち込んでキジ鍋を食わせてくれるようになった。私の足りない要素を世六さんが補ってくれたお陰で、部員たちの毎日に潤いがもたらされ、選手の士気をなお一層鼓舞した。

赤裸々に事実を記すと、逗子市の披露山に部員が逃避するなど脱走事件はその後も続いた。それというのも、当時は監督よりも親のほうが子に対して厳しい態度で臨んでいたからである。他人のメシを食わせる、かわいい子には旅をさせろというように、そうすることがあの時代のわが子に対する愛情だった。

打倒東海大相模の闘魂と脱走事件の延長線上に一九七三（昭和四十八）年の選抜大会出

長崎がセンバツで史上初のサヨナラ満塁ホームランを放つ

場があり、初戦二回戦の対小倉商の試合で長崎誠が放った大会史上初の満塁サヨナラホームランがあった。二対二の同点で迎えた延長十三回裏、あそこで点が入らなかったとしたら、貧血の爆弾を抱えた永川はどうなっていたかわからなかった。日本一苛酷な練習を積み重ねた全員が、永川の好投と長崎のサヨナラ満塁ホームランで勢いに乗った。そして、選抜で念願の甲子園の土を踏み、全国優勝によって労苦が報われた。

「監督への怒りをボールにぶつけていました」

当時の選手が卒業後、冗談まじりに私にいった言葉である。

社会人野球からヤクルト入りした青木実は、盗塁王に輝いた。社会人野球の東芝、ヤマハで活躍した上野貴士は、その後、横浜高校のコーチとして私を支え、八八（昭和六十三）年に監督、八九（平成元）年には甲子園を経験、請われて平塚学園野球部の監督に転じた。鳴り物入りでヤクルトに入団した永川英植については別の機会に言及するつもりだが、もう一人の優勝の立役者長崎誠は野球界からゴルフ界に転じ、アシスタントプロを続けながら実業家になった。横浜高校野球部五十周年記念誌「闘魂燃えて」に寄せた一文の中で、長崎はなぜか皆で山梨へ行こうとしてつかまり、事無きを得たと述べている。彼は横浜高等学校野球部の歴史の一部でいられたことが幸せであり、誇りに思うと述懐するだけで、日常においても自分が放ったサヨナラ満塁ホームランにまったく触れようとはしない。秘するが花というように、彼の人となりの一端を表すもので、香気が匂い立つようだ。

白球の中に人生がある、というのが当時の部訓であるが、選手たちはその通りに練習に打ち込み、卒業後はその経験を支えに立派な社会人となって生きてくれた。

13

大脱走に続く選抜大会優勝、しかし、それでもなお東海大相模は横浜高校の前に立ちはだかった。私はこれ以上は自分が成長する以外にないと悟り、野球の外の世界に人脈を求めて教えを乞うようになった。

藤木企業の藤木幸夫会長との交流の一端はすでに紹介したが、横浜高校OB会会長だった白幡憲佑師もまた私の蒙《もう》を啓いてくれた人生の恩人だった。白幡憲佑師は久保山の光明寺住職で、仏教団体の長でいながら、希代の酒好きだった。

「おい、飲みに行こう」

白幡憲佑師に誘われて飲みに行く。だが、なかなか帰してくれない。早く帰りたい、帰りたい帰りたい、私は明日の練習を思って苦痛でしようがないのだが、白幡師はまだ帰るなと引き留めていつまでも飲み続けた。

「ぼろを着ようが、高級な背広を着ようが、そんなことは関係ない。要するに一期一会だ。人生を語らなければ野球はわからない」

禅問答ではないが、うっかり人生を語ろうものなら、即座にぴしっと言葉で叩かれてしまう。

私の酒の飲み方を見て、白幡憲佑師が叱《しか》った。

「渡辺は酒の飲み方を知らん」

三冠達成記念碑の前で著者の隣（右から２人目）に立つ白幡憲佑師

何かというと叱られてばかりいるので、私は内心でクソ坊主、この野郎と反発しながら反問した。

「お言葉ですが、どう飲めというんですか」

白幡憲佑師がいきなり窓を開け放った。

「月明かりを肴《さかな》に飲む。人生を語らずして酒を飲むべからず。急いで帰って何をやらかそうというんだ」

藤木会長は夜の八時になるとさっと切り上げてしまう。白幡憲佑師の飲み方は藤木会長と正反対で、相手構わずの飲み放題、いいたい放題だった。言葉は悪いが俗にいう生臭坊主である。しかし、白幡憲佑師の飲み方は卑しさを少しも感じさせなかった。

「一流になるには一流に触れなければいけない」

白幡憲佑師がそういって柔道家の上口孝文氏、ラグビー監督の山口良治氏と一緒に私を京都に誘った。

行く先は知恩院だった。途中に和田屋という御茶屋があって、まずそこに上がらされた。舞妓さんと芸子さんが呼ばれてきて、早速、踊り始めた。

「さあ、飲もう」

飲めと勧められても、目の前にはかわきものとウイスキーしかない。

「超一流の遊びといっておきながら、なんだ、こんなものしか出ないのか」

いつも一緒に飲む気安さから、私は隣に座る上口さんと山口さんにうっかり口を滑らせた。

白幡憲佑師が聞き咎《とが》めて私を激しく叱責《しっせき》した。

「ばかやろう。舞妓の踊りを楽しみながら酒を味わい、芸の深さを楽しむのがほんとの遊びなんだ。食事はあとだ。そんなガツガツした気持ちじゃ一流にはなれんぞ」

私の脳裏を過ぎし日々が去来した。

妻を食事の支度で追いまわし、幼い娘を使ってパチンコの玉を拾わせ、家に置いた部員たちの食い物を確保してきた境遇とは、まるで正反対の境地だ。私はあまりの落差の大きさに衝撃を受けた。

14

白幡憲佑師は和田屋を出てから老舗の料理屋で私に食事を振る舞い、ようやく知恩院へ行って鵜飼隆玄師を訪ねた。

京都へ来てから、私は井の中の蛙《かわず》であることを痛感し、肩をすぼめ、身を縮めて白幡憲佑師と鵜飼隆玄師の会話に耳を傾けるほかなかった。傑物と名僧の会話は言葉そのものに味があり、意味することも深かった。さりげなくやりとりする姿から一流の香気が薫ってきた。

確かにどちらの言葉にも含蓄があり、心に訴えるものであったが、その意味するところを私が本当に理解したのはもう少しあとのことだった。しかし、白幡憲佑師が私に何かをつかませようとしている気持ちは痛いほどに感じられた。

知恩院から帰ってきてから、白幡憲佑師がまたいい出した。

「ちょっと遠いが、四国高松の法然寺へ行こう。法然寺は水原茂監督と三原脩監督の菩《ぼ》提《だい》寺で住職は名僧だから会うだけでも得るものがあるだろう」

白幡憲佑師が言葉でいうだけでなく、私を一流の場所に案内し、一流の人士を紹介し、場数を踏ませることで、一流の何たるかを五感でつかませようとしていることは明らかだった。

当時、法然寺の住職細井照道師は九十歳を数えながら健在で、目が見えなかったが、白幡憲佑師の意を察し私に説教をしてくれた。

いわんとするところは、妻の紀子の貢献を讃《たた》え、私の野球をおしどり野球と総括して、奥さんをもっと大事にしなさいというようなことだった。

君に誓う、阿蘇の煙は絶ゆるとも、万葉集の歌は滅びず
万葉集はいわゆる相聞歌である。それにかけて私たち夫婦の心のありようを説いてくれたものと思う。私は妻の献身を当然のように受けとめ、時にはこのやろうなどと思うこともあった。細井照道師はそのような私の姿勢を暗に感じて戒めたのだろう。細井師はありがたい言葉をその場で色紙にしたためて、まだまだ至らないことの多い私に贈ってくださった。

私は学の無さに恐れ入り、人間としての心の貧しさに気づき、ただただ恐縮して帰って

きた。

京都、四国では小さくなっていたが、ひとたび横浜高校のグラウンドに立てば鬼監督である。どこまでも俺についてこいで、おのれの天下だ。果たしてそれでいいのか。いかに多くまわりから恩を授かり、今また恩義を受けているか。

私はようやくそれに気づいた。

自分に何の実績もなくがむしゃらに努力するうちは、成功した人が感謝というありきたりの言葉を口にするのを聞いて、少し物足りない気持ちだった。しかし、念願の甲子園優勝という一応の成功を収め、気持ちにゆとりを持てたことで藤木幸夫会長、白幡憲佑師をはじめ、妻の紀子をも含めて、恩師・恩人の存在に思い至り、その言葉が持つ意味の深さがわかってきた。

白幡憲佑師を三蔵法師とするなら、私は孫悟空だろうか。三蔵法師の手のひらで踊らされ、新しい目標を持つに至った。

第四章　二人のエース・愛甲と川戸

1

藤木幸夫会長や白幡憲佑師の計らいでたまさか一流の場所、一流の人々に接する機会を持ったのだが、私はそうした世界に入り浸りになれるような境遇にはなかったから、どこに出ても気後れしないだけの素養を身につけようと思った。監督・選手という上下関係で従わせるのではなく、心の紐帯《ちゅうたい》でも結ばれた人間関係を構築したいと願うようになった。

選抜優勝のあと、再び一から出直すことを怠った結果はすでに述べた。十分に反省したつもりでも、ひとたび到達した先の目標を、実際にはしっかり見据えていなかったことに私は気づいた。次の目標は夏の全国大会制覇であることに違いはないのだが、準備のやり方を誤っていた。

いきなり全国大会優勝に手をのばすのではなく、それにふさわしいチームをつくる。優勝監督に値する人間に私がなる。

しからば、どうすればよいのか。

具体的な方策を考えた矢先に、当時の黒土創校長が私にいった。

「横浜高校の監督として骨を埋めるつもりなら、教員免許を取って身分を安定させたらどうか」

私は一つの白球に生涯を託す覚悟でいたが、まだそれを保証してくれる社会的地位を持たなかった。毎年入れ替わる部員で構成されるチームで、常に甲子園出場を果たし、優勝するのは相手のあることだから現実には不可能だ。野球に打ち込むためにも生活面の不安をとりあえず一掃しておく必要があった。

もろもろの考えが交錯して一つの方向が見えかかった矢先だけに、私は黒土創校長に背中を押される格好で、夜学に通って教職課程を修める決意を固めた。

わずか一年で中退した神奈川大学の夜間に通うことも視野に入れたが、通学時間を考慮し、関東学院大学の第二経済学部を受験することにした。

問題は部員たちの練習であった。

私がいない間、彼らはちゃんとやってくれるだろうか。

部員を信頼するほかなかった。入学試験に合格した段階で、私は部員たちを集めて夜学に通うつもりだと打ち明け、自主練習を指示した。

部員たちは驚いた顔をしたが、結局、全員が納得してくれた。

振り返ってみると、夜学へ通う決断がわが人生の分水嶺だった。夜学へ通う四年間が私という人間を根底から変えたからである。卒業後には生活への不安も払拭《ふっしょく》された。結果として唯我独尊の渡辺野球は完全に消滅した。しかし、私は先達の方々から働きかけられて、あたかもそれを必然と受けとめ、周囲も応援してくれたから決断できたので、決して計算があったわけではなかった。天から聞こえる声に従ったというほかなかった。

目標に向かってがむしゃらに突っ走るという私の本質は変わらなかったが、その性格を幹として枝葉が一気に繁り始めた。もしも、松坂大輔の世代で高校野球四冠を達成したことが大輪の花といえるなら、つぼみが生じたのは恐らくそのときだったと思う。

2

授業が終わるとグラウンドに出て部員に練習メニューを指示し、ぎりぎりまで指導してから、私はバイクで夜学へ向かった。講義は自分の耳だけでは追いつかないと考えて、その場でテープに録音した。講義が終わるとイヤホンでテープを聞きながらバイクを飛ばしてグラウンドに戻り、夜間練習に汗を流した。

春季、夏季、秋季の神奈川県大会の運営では、高野連の仕事をしながら耳にイヤホンを入れて復習に励んだ。

「監督がそれほど頑張っているんだから」

部員は夜学へ通う私を見て自覚したのだろう、いつでも気を抜かないでしっかり練習していてくれた。

実は私がいない間に部員が練習をちゃんとやってくれるか、唯一、そこに不安があった。信頼する以外に手段がなかったから、ええ、ままよと夜学に通うことにしたわけで、どちらかというと期待半分で不安が勝っていた。だが、彼らは私の期待に応えた。

部員が自主性を発揮した原因を直接確かめたわけではないので、本当のところはわからない。期待から自主性が生まれ、それが信頼につながった。信頼がまた新たに自主性を喚起し、練習の歯車がよいほうへ転がっていったというようなことなのだろう。しかし、私にとってこれほど頼もしい事実はなかった。

私は彼らをまとめて抱きしめてやりたくなった。はっきり自覚して部員に愛情を感じたのも初めてなら、彼らを信頼する気持ちになれたのも、これまでにないことだった。

考えてみれば、大学でする学問は高校までとは内容が百八十度違っていた。講義で説くのは方法論であり、必要な知識は二の次だった。講義を聴いているだけでは何一つ自分のものにならないと教えてくれていた。自分でテーマを発見し、研究する以外なかったのである。

学問のやる気も自分で出すほかなかった。

方法論さえきちんと組み立ててやれば、彼らだってここまでやるのだ。

藤木幸夫会長や白幡憲佑師はもちろんのこと、紹介されて面識を得た各界の一流の人士からいわれてきたことが、大学で方法論を身につけたお陰で私の内面で体系化され、こういうことだったのかと初めて血肉になった。ここでようやく自分のために通う夜学が、部員のためにもなった。

野球以外の世界で触れた一流の気風を野球に翻案し、部員たちに植えつけることができたら。

これまでは万事に俺が俺がで、大事なことを見落としていた。

気づいた瞬間、私は一つの到達点を意識した。

部員が自主性を発揮してくれるなら、方法論はまったく違ったものになる。指導がらくになるばかりか奥行きも幅も出てくる。これほど確かな手応えを感じたことはなかった。

私の内面で何かが大きくはじけた。

これが前に述べた私の野球人生の分水嶺である。向こう側は未知数で白紙だが、何を描くかというわくわくするような楽しみがあった。

3

三十歳にもなって、しかも神奈川県高野連役員、野球部監督の身で、夜学へ四年間通って卒業に漕《こ》ぎ着けるのは、余程の条件がそろわないと不可能である。部員が自主的に練習に取り組んでくれたのが何よりもの条件だが、ほかにも横浜高校の理解、関東学院野球部工藤房雄監督の励ましなど、数え上げたら切りがないほどある。なかでも私設応援団の存在を、私は忘れることができない。

横浜高校の創立の地は磯子区岡村で、兵舎の一部を買収して現在地に移転した。当時、校庭グラウンド周囲の山は自然林で、学校敷地のすぐそばに町工場や長屋がかたまっていた。そんな工場の一つに豊川稔さんの捺染《なっせん》工場があった。練習試合などで選手が打つ球が工場の窓を破って飛び込むと、豊川さんが怒って怒鳴り込んできた。

「穴が開いちゃって仕事にならねえ。ばかやろう、いいかげんにしろっ」

前に書いた世六千代志さんが私設応援団第一号で、この人があとに続いたのだから不思議である。世六千代志さんは豊川さんの工場の並びにある五軒長屋の住人で、タクシーの運転手だった。私が関内で飲み過ごして帰りそびれると、彼のほうから電話してきて、「関内、おたみ、世六、二三二、これから直行します」といって迎えに来てくれた。

夕方が近づくと二人でグラウンドをならしてすぐに練習に入れるようにしてくれたし、試合のあるときは世六さんがバスを運転して選手を運んでくれた。この二人が草分けになって私設応援団球友会が誕生したのだった。

かなりのちのことだが、世六さんが選手の送迎用バスを車検工場に持ち込んだとき、思わぬ奇禍《きか》に見舞われた。通路に足を投げ出してバスの下をのぞいているところへトラックがバックして入ってきた。世六さんは工場の騒音で気づかずにいてトラックのタイヤで片足を無残に踏み砕かれてしまった。

藤沢の病院にかつぎ込まれ、手術台に載せられ、生死の境で彼は無意識に叫び続けた。

「ストライク、ストライク、ストライク」

そこまで横浜高校野球部のことを思っていてくれるのかと、私は強く胸を打たれた。世六さんは横浜高校の野球部のために片足を失い、タクシーの運転手を続けられなくなってしまったわけで、私はもうしわけない気持ちでいっぱいだった。しかし、世六さんは能見台駅前に焼き鳥の屋台を出して商売をしながら野球部を見守り続けた。

ほかにも川崎駅の近くの目抜き通りで丸十ベーカリーを営む松尾光雄さんがいた。彼は水曜会を組織し、京浜急行でやって来て審判を務め、ストライク、ストライクとコールし続けた。

野球部と私を陰で支えてくれる人たちがいたからこそ、私は夜学へ通い続けられたのだ。卒業して社会科の教師になったとき、これまでの努力、努力、また努力という積み重ねに、感謝、感謝、また感謝という熱い思いが胸のうちでさらに重なった。

4

夜学へ通いながら私が脱皮を遂げていくさなかの一九七八（昭和五十三）年、愛甲猛が入ってきた。愛甲は一年生のときから球が速くてバッティングもよく、惚れ惚れする逸材だった。ほかに川戸浩という他校へ行けば文句なしにエースになれる素材も入部した。だが、愛甲と同じ左腕で、力量差は歴然としていた。それが川戸に不運をもたらした。
二、三年生の先輩投手と比べても、愛甲は断然光っていた。
夜学へ通う以前の私だったら、強い選手でチームを鍛え甲子園を目指すという一本調子の方法論に頼って、いきなりエース愛甲で突っ走ったと思う。しかし、複眼で物事を多角的に見る目の大切さを大学で身につけたお陰で、チームの和を考える余裕があった。

二年生投手の田代からエースナンバーを取り上げて、入ったばかりの愛甲に与えたらどういうことになるか。

いきなりエースに抜擢したとき愛甲にかかる心の負担、周囲の反応を考え、結局、私は二人を併用することにした。天才投手を得たときにチームワークを優先させたというのも皮肉であった。

このときに至って、私はかつて高橋輝彦監督が実践した複数投手陣という大学野球リーグ戦向きのチーム編成を無意識に参考にして、その方法論に工夫を試みた。控えの川戸を先発陣に置いて自主性を引き出すためにも複数投手制が必要であったし、一将功成って万骨枯るの弊害を避けるためにも、さらに先発・継投の分業制に発展させたらどうかと考えた。

今になって振り返ると、これが一九八〇（昭和五十五）年夏の全国制覇の大きな伏線になったように思う。当面、そのことは触れずにおくとして、私は状況に応じて自分なりの組み立てを完了し、七八（昭和五十三）年夏の神奈川大会に臨んだ。

夏の大会初優勝時のチームの柱・愛甲猛

　二回戦の金井戦は田代、愛甲の継投で完封し、コールド勝ち。三回戦の県相模原戦も同じ継投で一失点コールド勝ち。四回戦の津久井浜戦は四対二の辛勝で、ここで初めて次の準々決勝柏陽戦で愛甲を先発させることにした。愛甲は柏陽をノーヒットノーランに抑え、私の期待に応えてくれた。準決勝の桐蔭学園戦も愛甲先発で臨んだが、一対一の息詰まる投手戦で延長戦にもつれ込んだため、田代に継投して三対二で辛くも逃げ切った。横浜商との決勝戦は愛甲の完投で五対三で甲子園切符を手に入れた。

　顧みて、津久井浜戦の辛勝を契機に事実上のエースを田代から愛甲に切り替えたとき、選手は私の起用法に納得した。だから、桐蔭学園戦で継投した田代も腐らずに踏んばれた。神奈川大会だけに限っても、私がこれほどまでに選手の心理面にまで配慮し、起用法に細心の注意を払ったのは初めてだった。

もし、私が旧態依然としてエース愛甲に頼るだけの起用法を貫いていたとしたら、二年後の全国制覇につながらなかったろう。甲子園で一躍アイドルに仕立て上げられた愛甲、十五歳の少年には苛酷な心のドラマの数々が待ち受けていたからだ。私にとっても選手に理解を深める過渡期になった。

5

甲子園には魔物がすむという。

一九七八（昭和五十三）年の甲子園大会、二回戦で当たった古豪徳島商に愛甲・吉田のバッテリーで快勝、私はこれで勢いづくと思った。

もしも、甲子園大会が野球の要素だけで成り立つものであったなら、横浜高校は愛甲猛の実力から考えて、間違いなく好成績を収めたはずだ。しかし、初戦の勝利を手中にした横浜高校に予想もしない愛甲フィーバーが襲いかかった。「愛甲の甘いマスク、健闘、めぐまれない家庭環境」マスコミが飛びつきそうな材料が揃っていた。

次の試合に臨むチームの空気が微妙に変化した。

果たして徳島商戦で一〇点も取った打線が、次の県岐阜商戦では鳴りを潜め、愛甲も相手打線に小刻みに三点を奪われ、あえなく花と散った。常識的に考えるなら、敗戦と同時に愛甲フィーバーもジ・エンドになるはずである。ところが、敗戦で逆に愛甲フィーバーにさらに火がついた。阿久悠さんが愛甲という名に感じて愛しの甲子園という詩をスポーツニッポンに発表したことからもわかるように、グラウンド外の加熱には驚くべきものがあった。

私は甲子園から帰ると、すぐに次に備えて一から練習をやり直しにかかったのだが、グラウンドのまわりに女子高校生が群がった。永川英植投手で選抜優勝を遂げて凱旋《がいせん》したとき経験していたことだったから、女子高校生の集団を見ても私は少しも驚かなかった。だが、愛甲は甲子園で一勝しただけの投手だ。

私は首を傾《かし》げながら嫌でも永川のときの対応を反省させられた。

「春、甲子園に出たら、夏は勝てない」

かつて高校野球史上最強といわれた法政二高をつくり、のちにはプロ野球の監督を経験し、スカウトとなった田丸仁さんの言葉である。選抜甲子園に出るどころか優勝して帰った私は、高揚したモチベーションのまま夏に向かって突っ走ってしまった。思えばあのとき雨中に群がる女子高校生たちに同情して声をかけたのがいけなかった。

「いい加減に帰りなさい」

しかし、彼女たちはどしゃ降りになった雨に打たれ、寒さにふるえながら佇《たたず》み続け、選手たちが合宿所に引き揚げると、玄関まで追ってきた。

「どうして帰らないんだ」

「長崎さんのサインが欲しいんです。もらえるまで帰らない」

目に涙を溜めてまで彼女たちは私に訴えた。

サヨナラ満塁ホームランを放って派手に活躍した長崎以外にも何人かの名が挙がった。選手のサイン一つのためにと驚き呆《あき》れながらも、つい彼女たちの熱意にほだされて選手たちにサインさせてしまった。

次の勝利を目指すからには、あのとき、練習に怠るところはなかった。それは誓っていえる。しかし、優勝監督のつもりでいた私の気持ちに、夏につまずく原因があった。群がる女子高校生を相手にサインしたとき、選手たちは挑戦の二文字を忘れてしまった。

二度と同じ過ちをすまいとの思いで、私は彼女たちを殊更に無視し、選手にもよくいい聞かせて野球に集中させた。

6

一九七八（昭和五十三）年秋の国体一回戦で、ヒット専門の名塚徹がホームランを放つ椿事《ちんじ》を含め打線は活発に七点を取った。しかし、愛甲猛が初回に大量失点したのがあとあとまで響き、横浜高校は天理高に七対一〇で敗れた。初回の七失点だけで、以後、三点を取られただけで完投したのだから、愛甲はまあよくやったというのが私の評価だった。

ところが、国体の直後、愛甲が私にいってきた。

「野球部を辞めさせてください」

予想もしない事態に私は戸惑った。

愛甲フィーバーが他の選手に悪影響を及ぼさないよう気をつけてきたが、まさか本人が人一倍悩んでいたとは思わなかった。

よくよく考えてみれば、愛甲にはいつもどこか陰があった。仲間とは常に一線を画し、みんなに合わせて笑うときも、心から笑っているように見えなかった。甲子園の三回戦で敗退した帰りのバスの中でも、愛甲は涙一つ流すでもなく、ぼんやり窓の外を眺めるだけだった。

以前のままの私だったら闘志なき者は去れとして、愛甲を追わなかったと思う。愛甲が去ってもほかにいい投手がいた。しかし、私は野球を辞めたくなった選手を説得し、引き戻せなければ指導者の資格がないと考えを改めていた。高校野球は教育である。ましてや、自分は正規の資格を取って教師になろうとしているのだ。辞めたい奴は辞めればいい、去る者は追わずでは冷たすぎる。才能を惜しむ以上に彼のこれからの人生が気にかかった。

「理由は何だ」

「わかりません」

高校生ぐらいの少年が必ず口にするこの「わかりません」が実は曲者《くせもの》なのである。私はいえないほどあって説明できないという意味に解釈して、時間をかけて見守ることにした。

私はエースを失う部員の動揺をなくそうとして、みんなを集めていった。

「愛甲が帰ってきたら、気持ちよく迎えよう」

「俺たちも、もう一度、愛甲と甲子園に行きたい」

それが部員みんなの気持ちだった。

もともと孤独な性格の少年が、高校一年生でエースの孤独を背負い、敗戦の責任にさいなまれ、アイドルみたいにもてはやされ、マスコミにプライバシーまであばかれてしまう。伝え聞くところでは、逗子消防署の一日署長まで就任したようだ。おらが町の英雄みたいにかつがれたら、まだ胸を張って歩くほどのものを持たない少年は、外に出るのも嫌になるだろう。

すべての元凶となった野球に愛甲は八つ当たりしているのではないか。

私はそれとなく愛甲の気持ちを察して逗子にある彼の自宅に何度も通い、部員たちの気持ちを伝え、じっくりと話し合った。

誠意をつくし、言葉が尽きたところで、最後に私は訴えた。

「野球から逃げたら、挽回《ばんかい》できないぞ。白球の中に人生がある。こんなときのための部訓なんだぞ」

「もう少し考えさせてください」

「みんな待っているぞ」

愛甲の心境が辞めるから考えるに変化したのは、一つの収穫だった。あとは愛甲がはっきりと答えを出すのを待つほかなかった。

7

華やかであるはずの晴れの甲子園の舞台、勝利の積み重ねの究極にある栄光、それをつかみ取ることが選手のだれもが描く夢だろう。なのにたった一勝を挙げただけで異常なほどの脚光を浴びた少年投手の戸惑い、存分に力を出し切れないままチームを敗戦に導いたことによる心理的動揺。愛甲猛は性格が真面目なだけに慢心するどころか、それに値しない自分を恥じ、浴びせられたスポットライトを重圧に感じて押しつぶされたのだろう。

愛甲フィーバーは、いわゆるマス・ヒステリーの一種なのだろうが、もし、騒がれるだけの活躍をしたあとであれば、彼は胸を張って愛甲猛でいられたはずである。愛甲は私が過去に経験したのとはまったく異質の甲子園の魔物にとりつかれ、野球から逃げ出すほかないと勝手に決めてしまったのだ。

言葉は適切ではないかもしれないが、私は愛甲を立ち直らせることを自分が教師になるためのハードルと受けとめた。愛甲をもう一度甲子園のマウンドに立たせ、優勝する以外に解決策はなかった。

ところが、ある日、逗子署から電話が入った。

「愛甲猛君を補導し、身柄を拘束しています。穏便に済ませたいので、引き取りに来てほしい」

私は青山梅麿部長と二人で、深夜に外で悪さをして補導された愛甲を逗子署まで密かに引き取りに行った。いいたいことは山ほどあった。だが、黙って家に帰した。ワル仲間との関係を断ち切らなければ、言葉で何をいっても意味がないと考えたからである。何としても彼を立ち直らせたかった。

田代が三年でまだ残っていたし、川戸浩は愛甲の陰に隠れながらも、腐らずに練習に励んでいた。愛甲を大事に使いたいために川戸にばかりバッティングピッチャーとして消耗品のように使ったというのに、彼は打撃練習で役目を果たすと、いわれないうちにブルペンで投げ込みをした。片平保彦は打撃を買っていたが、投手としても通用する力を持っていた。人間的には愛甲よりも彼らのほうに魅力を感じてもいた。

それでも愛甲に執着したのは、私が監督でいながら教師としての使命にも情熱を持ち始めていたからかもしれなかった。

愛甲で甲子園優勝、それ以外、彼のトラウマを取り除く方法はない。

私は密かに自分をけしかけ続けた。現状では困難だが、甲子園の魔物にとりつかれた少年を救う道はほかにない。愛甲に手が届くうちはあきらめないと心に誓った。

愛甲を得るのと失うのとでは、チームの戦力に大きな違いが出る。私の決意はそうした客観性にも裏打ちされていた。

私は我慢強く愛甲を待ち続けた。

やがて、もうじき新入生が入ってくるというころ、ある日、愛甲がみずから私の前に現れた。

「よく来たな」

私が快く迎えると、愛甲が決意した顔できっぱりといった。

「もう一度生まれ変わったつもりでやりたい」

待った甲斐があった。

8

愛甲猛は父親がなく、母親が働きに出ていたから、練習が終わって家に帰ってもだれもいない。それで中学時代の似た境遇の友達と夜な夜な遊びまわってしまう。家の中で一人きりで夜をすごすことほどさびしいことはない。独り暮らしのお年寄りが広い家の中で一番狭い部屋に住むのと同じ心理で、活動的な少年は外に居場所を求めてしまう。

この環境を変えないかぎり同じことが繰り返されるに違いない。

私は愛甲の生活環境を変えるためにわが家に住まわせることにした。だが、合宿所があるのに愛甲だけ特別扱いするという印象を部員たちに与えることは避けたかった。そこでやはり家庭が不遇で面倒見のよい安西を一緒に家に置くことにした。

家族四人に選手二人が加わった狭い部屋での暮らしを心配して、白幡憲佑師が言ってくれた。

「俺んところの一軒家が空いているから、そこに住め」

借りた家は久保山の光明寺の境内にあった。

世間でよくいわれることだが、一生懸命何かに取り組んでいれば、必ずだれかがその姿を見てくれている。頼んだわけでもないのに、野球を続ける条件が悪くなると、たいがいだれかが助けに入ってくれた。これほど面倒なしでありがたいことはなかった。

しかし、妻の紀子の負担は重くなった。合宿所の食堂で部員のおさんどんをやりながら育児をし、家に帰ると愛甲と安西の食事を世話し、光明寺さんが忙しいときは進んで手伝った。さすがに気丈な妻もしばしば片頭痛に悩まされ頭が痛いというようになった。紀子はどんな逆境でも決して愚痴をこぼさないし、自分の都合を持ち出さない女性であったから、いいたいことを無理に押し殺す精神的なストレスからきたのだろう。わが妻ながら凄い女性だと感服させられる。しかし、今だからいえることで、当時は私も知恵熱が出るくらい、いろんなことが頭の中で渦巻いていた。

そのころの私は臨時免許で体育の助教を務めていたから、昼間は勉強できない。夕方と夜は練習があるから、夜学の教室で講義に集中するほかなかった。夏休みは神奈川県高野連理事として大会の運営に当たらねばならなかったから、目でスコアボードを見ながら耳でカセットを聞くというあわただしさだった。何よりも、横浜高校野球部監督として試合に臨まねばならなかった。甲子園に出場して優勝するためには愛甲を立ち直らせる必要があった。周囲の支えなしにやれることではなかった。

周囲に感謝しながらも、いつまでも甘えてはいられなかった。自分一人の力では何もできないことがなさけなかった。そのための夜学だったが、来年卒業という時期になって、あと少しという気持ちが胸突き八丁の苦しみを心に生み出し、あらゆることが一度に肩にのしかかってくるような錯覚に陥った。

目と耳は正常に機能しているのに、気持ちだけが無我夢中で、あれもこれもと挑みかかるような日々だった。そんな中での野球だったから、私はいつも一点しか見つめられなかった。必然的に愛甲が頭の中心に居座った。

9

野球部に復帰した愛甲猛は二年生になったのだが、半年近く野球から離れていたため、

1979年、二年生時の神奈川大会決勝で横浜商業に敗れ、うなだれる愛甲

すぐには使い物にはならなかった。田代晃久一人では継投体制が固まらないので、愛甲の穴埋めに川戸浩と中学野球優勝投手で一年生の片平保彦を起用した。もちろん、復帰した愛甲にも投げさせて、これぞと納得する継投パターンを見出すための試行錯誤を繰り返した。

　継投策といっても柱になるエースがいなければ、対戦相手に脅威を与えることはできない。究極の目的は愛甲の復活を待ちながら、二番手、三番手ピッチャーの成長をうながす一挙両得作戦で、今日の確立された分業体制を最初から意図したわけではなかった。

　春の神奈川県大会で愛甲の投球を見極め、夏の甲子園予選で時には川戸、愛甲、川戸、愛甲という極端な継投を二度にわたって試みながら、準決勝の藤沢商戦を完封した愛甲に決勝戦を託した。相手は「ジャンボ宮城」で知られた宮城弘明投手を擁する横浜商だった。横浜打線は宮城君に一点に抑えられ、愛甲が三点を失って甲子園への道を阻まれたが、私は負けた悔しさよりも手応えを得た思いだった。

私の念頭にあるのはあくまでも甲子園優勝なのだが、それには愛甲でという条件がついた。残り二年ある、一九七九（昭和五十四）年は捨て石でよいという気持ちだったから、夏の神奈川県大会は決勝に駒を進められただけで満足だった。

秋の神奈川県大会は捕手に安西を起用して、愛甲と川戸でどこまでやれるかを試した。完投能力を持つエース級の継投策を念頭に置いて、愛甲と川戸を交代で完投させた。ところが、準決勝でまたしても横浜商の宮城投手にしてやられた。東海大相模の牙城を抜いたとたんに新たなカベが現れたわけだが、私はそれほど意識しなかった。

宮城投手は好敵手だが、完封されたことはない。愛甲が完全に復活し、川戸を鍛え、相手打線に点を与えなければ勝てる。その手応えは日増しに確かなものになりつつあった。

一方、夜学の単位の取得は順調で、卒業の見込みも立ち、私はようやく全体を見渡しながら目の前の課題に取り組む心の余裕を持った。木を見て森を見ずから脱却して、全体を把握できるようになった。

愛甲は私の女房に心を開いて明るい性格を表面に出すようになった。私とも打ち解けて話し、時には声を立てて笑い、これがかつての愛甲かと驚くほど逞《たくま》しくなっていた。すべての座標がよい方向を指していた。

三月、夜学を卒業し、私は満を持してグラウンドに立った。夜学という枷《かせ》が取れて、私は胸ふくらむ思いで部員たちに練習を指示した。ところが、それから間もなく、突然、川戸が合宿所から失踪《しっそう》した。

「少し考えたいことがありますので、家に帰らせてもらいます」

川戸の振る舞いに前兆を感じさせるようなことは何もなかった。実に藪から棒で、あまりに唐突すぎて、私はしばらく呆然《ぼうぜん》として、目の前で何が起きたのか、どういうことなのか、すぐに理解できなかった。

10

川戸浩は控え投手に甘んじながら、人一倍練習した。エースにふさわしい力をつけたと認めたから、愛甲と併用して先発もさせ、彼も実績を残した。いつかあいつの努力に報いてやろう、甲子園に出場したらそのための愛甲との併用であり、継投でもあった。

愛甲がよくなったら、今度は川戸か。

私は再び愕然《がくぜん》として川戸が置き手紙を残して失踪した理由を考えた。直近に思い当たることがあった。その日、私はコーチに川戸には学校の裏の階段の上り下りをさせておいてくれといって、グラウンドの練習に夢中になっているうちについ彼のことを失念してしまった。普通の部員なら少しは手を抜いたりするものだが、生真面目《きまじめ》な川戸はひたすら階段の上り下りをつづけたのだろう。しかし、それぐらいで失踪するような選手ではなかった。

愛甲だったら、監督は忘れたりしない。

恐らく川戸のそんな思いが、これまでの私に抱いてきた不満を爆発させる引き金になったのだろう。絶望的になった彼の気持ちは察するに余りある。

川戸、すまなかった。

私の心に自責の念がこみ上げた。

川戸の辛い胸の内がいまさらながらに思いやられ、私は指導者としての自分の愚を悟った。原因がほかにあった愛甲でさえ復帰させるのに半年かかったのだ。私はすぐにコーチと相談し、チームの副主将でムードメーカーでもあった安西健二を呼んで伝言をつたえに行かせた。

「川戸、エースは愛甲だけじゃない。おまえは横浜高校のもう一人のエースだ。必ず甲子園で投げることがある。監督を信じろ」

安西がその通りいったかはわからない。川戸はすぐに合宿所に戻ってきた。顔には笑みが浮かんでいた。そして、彼はこれまで以上に練習に励み、一段と成長した。

こんなつまらない失敗でさえ私に味方し、よい結果をもたらした。どちらかといえば、身分を安定させることにウエートのあった夜学でさえもが、結果として野球に一番役立った。

たとえば夜学で学んだ教育心理学は、私が経験のない学生だったら恐らく大して血肉にならなかったろう。川戸の一件をきっかけに、過去に犯した失敗の山が反省、自己批判を伴ってどーんと一度に蘇った。私は選手と正しくコミュニケーションを図ることの大切さを痛感し、言動に気をつけるようになった。

過去に指導した選手にもすまない気持ちになった。あのことは取り返しがつかない、こうすればよかったと気づくことが多かったが、覆水盆に返らずである。せめて今の選手には後悔が残らないようにしよう、今年こそ甲子園で優勝し、これまでの選手に対する詫《わ》び状にしようと強く誓った。

となると、選手の成長に頼ってばかりはいられない。私は勝利をより確かなものにするためにも、選手の心理にまで踏み込み、その素質が最も効果的に発揮されるチームに編成する必要があった。私は自分で考えるだけでなく、コーチとも相談しながら着手した。

11

大学で得た最も大きな収穫は、人間は自分が置かれた環境と正反対のものを望む、と教わったことである。政治・経済でいえば市場原理主義で動く世の中では社会主義的な手法を率先して取り入れ、バランスを図るというようなこと。民主主義でいえば多数決のみに走らず少数意見を尊重し、質が量の犠牲にならないようにする。野球でいえば監督と選手は等しい人権を持つが、平等なれど対等ならずである。教師と生徒、監督と選手が対等の関係になってしまったら、教育にも指導にもならなくなってしまう。

常に反対概念の手当てを怠るな。

シングル・イシューで突っ走ってきた私は、カミナリに打たれでもしたように考えを改めた。矛盾にこそ深みがあり、矛盾が調和した世の中こそ理想であると考えるようになった。だから、チーム編成を考える場合でも、一見してこうだと思われることでも、必ずひっ

愛甲・川戸の女房役として活躍した片平保彦

くり返して考えてから結論を下すことにした。

投手の片平保彦を捕手にコンバートしたらどうか。

片平にはショックだろうが、愛甲猛、川戸浩の能力が最大限にひき出され、優勝する可能性が高まる。個人かチームかだ。矛盾を解決するには、片平を納得させればいい。早速、私は片平を説得した。

「投手の心理がわかる捕手になれ」

「考えさせてください」

当然の返事だと理解し、私はハンサムな片平にジョークを交えていった。

「本当にいい男は顔を隠して、前面には出ないものだよ」

「親や世話になった中学の先生にも相談したい」

私が期待して待つところへ、片平が望む返事を持って戻ってきた。

「捕手で頑張らせてください」

こうして犠牲が犠牲でなくなり、矛盾が解消した。

片平にはじき出される安西健二は面倒見がよく、チームのだれからも慕われているから、むしろ、みんなから見える内野に置いたほうがよい。安西も快くコンバートを受け入れた。

チームを束ね、監督とのパイプ役を担う主将をだれにするか。

新チームの主将はだれの目から見てもムードメーカーで副主将だった安西健二である。安西と正反対なのがエースで四番を打ち、ワンマン的なところがある愛甲である。試しに部員たちに投票させると安西に票が集まった。しかし、私が主将に指名したのはワンマンタイプの愛甲だった。

一九八〇（昭和五十五）年のチームは、安西を主将にしたとしても、愛甲のワンマンになりそうな気配があった。それならばいっそ愛甲に主将を任せることで自覚をうながし、チームをまとめていってもらおうと考えたわけである。

愛甲に「なまじ功なきを恥ず」という侍めいた矜持《きょうじ》があったために、甲子園のフィーバーに反発し、逆にトラウマになってしまった。私は彼の過去のマイナス面を逆に高く評価するようになっていた。部員たちはみんな驚いたし、私としてもある程度は賭けだったが、愛甲の人間的な成長により多く期待した。

12

私の思いは愛甲猛に届いた。それまで唯我独尊でやっているように見えていた愛甲が、後輩に技術的な指導をしたり、試合中にチームメートに進んで声をかけるようになった。それがチーム全体にいい影響を及ぼしていった。

しかし、そんな愛甲が、私の逆鱗《げきりん》に触れたことがあった。

一九八〇（昭和五十五）年の春、神奈川県大会決勝戦で宿敵東海大相模と対戦したときのことだ。試合は三対三の同点で延長十一回の裏を迎え、愛甲はサヨナラのランナーを三塁に背負った。愛甲がバッターをサードゴロに仕留めたと思ったとたん、三塁手がエラーをした。そのとき、愛甲がグラブをマウンドに叩きつけた。

愛甲の気持ちはわからないでもないが、試合終了の礼、校旗掲揚がすむと、私はすぐに彼を呼びつけて厳しく叱責《しっせき》した。

「おい、さっきの態度はなんだ。主将がナインに八つ当たりしているようじゃ、野球やる資格なんてないぞ。あしたっから練習に来ないでいい！」

確かに相手チームの決勝点は味方のエラーで入ったものだが、愛甲はその試合で十二安打も浴びせられていたのだ。三失点に留まったのは味方の守備に負うところが大きい。愛甲は味方の失策に抗議めいた態度を取る前に感謝し、発奮材料にすべきだった。それなのにグラブを地面に叩きつけ、不満をぶちまけるとは何事か。

私は愛甲が謝るまで許すつもりはなかった。蟻《あり》の一穴で、ここできちんとほころびを繕わなければ甲子園へ行けないし、仮に優勝したとしても意味がないという気持ちだった。私は監督ではなく、一人の教師になり切っていた。別に思案したわけではないが、その瞬間は、甲子園よりも、勝つことよりも、さらに大切なものがあるという一念にとらわれていた。計算ずくでは絶対にやれなかったと思う。

しばらくすると、愛甲はみずからの非に気づいて、私に詫《わ》びてきた。私は快く彼を許した。それからは、愛甲が他の選手のミスを責めることはなくなった。

愛甲が主将でなかったら、私は選手の前では叱らなかった。陰でそっと注意して反省をうながしてすませたと思う。私がみんなの前で愛甲を激しく叱責したことが、巧《たく》まずして選手への教訓ともなり、彼に特に目をかけているわけではないという証明にもなった。

振り返ってみれば、愛甲叱責が八〇年のよい流れに一段と拍車をかける大きな要因だった。いろんな要素が、ここに一つに溶け合って、横浜高校は愛甲のワンマンチームであることから完全に脱皮し、総力野球で勝つチームに変貌を遂げた。

気づいてみると、めったなことでは選手に手をあげない私がそこにいた。どうしてそうなったのか、今でも説明に困るほど驚くべき発見であった。

高校野球の監督は教育者でもある。

選手たちとの新しい接し方を通じて、私はそのことを実感した。勝利至上主義に教育者の自覚が加わり、私自身が意味ある成長を遂げたのだった。

13

横浜高校は一九八〇（昭和五十五）年夏の県予選で、強敵を次々と撃破し、甲子園出場を決めた。総力野球がやれるチームになったのに加えて二人エースというぜいたくな布陣で甲子園に乗り込むことになった。残る課題は優勝して愛甲のトラウマを取り除くばかりとなった。

そのとき、思わぬハプニングが起きた。

新聞、テレビの取材を受けたとき、私はそれまで決して口にしたことのなかった優勝という言葉を使ってしまった。愛甲で優勝という潜在意識が、つい言葉になって出た。

そのために、八〇年の横浜高校は、私が甲子園大会前に優勝宣言し、言葉通りに全国制覇を遂げたことになっている。事実だが、真実ではない。過去に他の追随を許さない実績を誇る立場にあったとしても、私はそんな不遜《ふそん》な言動をする人間ではないと誓っていう。

「甲子園に行く以上、絶対に勝ってきます」

ベストを尽くすというべきだったのだが、これまでの愛甲との経緯からくる意気込みで、ついこのような表現になった。

愛甲猛、川戸浩の両左腕エース、主軸打者の安西健二をはじめ、レベルの高い選手が揃っていたが、全国の強豪に比べて見劣りがしないかといわれれば、それほどの自信はなかった。神奈川県大会もようやく勝ち抜いたのだ。甲子園出場を決めるまでが苦しかったからこその勇み足でもあった。私としては優勝宣言などしたつもりは、まったくなかった。それがまさか優勝宣言ということになって、テレビで放送されるとは思ってもみなかった。

八〇年のときは、早実の荒木大輔投手がマスコミの注目を独占していたこともあって、愛甲フィーバーが過去のものになった横浜高校が優勝するという下馬評は、マスコミでも少数派でしかなかった。

しかし、マスコミに出てしまった以上、いまさら撤回はできない。宣言ではないが、確固たる目標であることに変わりはない。こうなったら嘘から出た誠にするほかないと私は腹を据えた。

甲子園に出発する前、私は選手たちを集めて演説をぶった。

「俺はテレビで優勝宣言をしてきた。おまえたちも優勝したいだろう」

「優勝したいです！」

選手たちが声を揃えて力強く答えた。

「今日、家に帰ったら、両親の顔をようく見ておけ。そして、八月二十一日までは戻りません、こういってこい」

結果として、チームの士気が一気に高まった。俺たちは優勝するんだ。大会優勝旗を持って帰るために甲子園に行くんだというムードが、チーム全体にみなぎっていった。

だれが悪いといって、私以外に犯人はいない。優勝候補の下馬評にものぼらないチームだったから、逆に発奮材料にすり替えることができた。横浜高校がもし優勝候補と目され、選手も勝ちを意識していたら、監督の優勝宣言は逆に重圧として働き、世間のよい物笑いになっていた。

　まさに禍福はあざなえる縄のごとしである。

14

　古豪高松商と当たった一回戦で、三年生になった愛甲猛のクールでクレバーなピッチングは、甲子園という大舞台のプレッシャーの中でますます冴《さ》えわたり、二年生捕手片平保彦の好リードも光った。打撃面でも愛甲、安西健二の主軸が全体を引っ張り、全員野球で得点を重ねた。

　すべての歯車がよいほうに噛《か》み合った。

　勝利の帰趨《きすう》が見えたと判断したところで、私は愛甲をマウンドから下ろし、川戸浩にリリーフさせた。

　勝負は下駄を履くまでわからないのだから、好投する愛甲から川戸にスイッチすることには異論があったかもしれないが、私はこれまでにも彼に大事な試合で投げさせていたし、期待を裏切られたことはなかったから、かつての約束を果たすことを優先させた。

　果たして川戸は意気に感じて好投した。

二回戦の江戸川学園戦も打棒がふるって展開が楽になったので、川戸を愛甲のリリーフに送った。川戸はここでも好投して、二人エースで完封した。

横浜高校野球部には百人からの部員がいる。できればその全員を試合に出してやりたいし、同じように練習させてやりたいと心底思う。横浜高校のユニホームを着て甲子園を目指したいという思いは同じなのである。しかし、神奈川県大会のベンチに入れるのは二十人、甲子園では十五人、レギュラーは九人しか選べない。

甲子園が目標である以上、よい戦いをするためにも、レギュラー中心に補欠を加えた選手を鍛える必要があるから、圧倒的多数の部員は日陰に甘んじることになってしまう。そういう部員が練習で汚れたボールを家に持ち帰り、消しゴムでこびりついた泥を落としてから、翌日、持参する姿を目の隅に入れてきた。

私が指導した中でも川戸はまれに見る努力家であった。エースとしてやれる力がありながら、同じ学年、どちらも左腕という不運な一致から、愛甲という天才的な投手の陰に隠れて世間から注目もされないできた。川戸は黙々と消しゴムでボールを磨く部員たちの象徴なのだ。

控え投手の時代から黙々と努力する川戸の姿を見て、どこからそれだけの気力が湧き出るのか、私には不思議なくらいだった。高校野球が教育の一環であるからには、いつかあいつの努力に報いてやろうという思いが、試合でのぞいたとしても許されるだろう。

とはいいながらも、野球の試合であるからには勝利を目的にしないわけにはいかない。川戸には二度も登板の機会を与えられたのだから、あとはすべて愛甲に託そう、という気持ちに私はなった。

完全に勢いに乗った横浜高校は、三回戦の鳴門戦、準々決勝の箕島戦、準決勝の天理戦を愛甲の完封、完投で接戦をものにし、一年生エース荒木大輔投手を擁する早稲田実業に挑戦することになった。

荒木投手は決勝戦までの試合をほとんど一人で投げ抜き、四十四回三分の二イニングを無失点というとてつもない記録を引っさげて、横浜高校の前に立ちはだかった。

15

愛甲猛は勝ち抜くにつれて注目を集め、荒木投手と並ぶ甲子園のスターに祭り上げられていた。だが、そのときの愛甲にはかつてのように「功なきを恥ず」の心境に落ち込む恐れがなかった。彼が有終の美を飾ってくれるものと私は固く信じた。

1980年、早実を破って夏の大会で優勝を決めた瞬間。川戸のガッツポーズ

むしろ、相手投手の荒木君がかつての愛甲の立場だ。つけ入る隙が、そこにあるはずだった。フィーバーの重圧を背負った荒木投手に依存する早実に対して横浜高校は愛甲を気持ちの上でも成長させ、全員野球に脱皮してきた。精神的にはこちらが有利というのが私の戦前の腹づもりだった。

ところが、決勝戦を前にして、肩が重いと私にいってきた。

川戸浩の起用が私の脳裏をよぎった。ブルペンで投球練習する川戸の球威は明らかに上まわっていた。こんなときのための二人エースなのだから迷うことはなかったのだが、私は愛甲で優勝という宿願に惑わされ、決勝戦の独特の雰囲気に川戸がのみ込まれやしないかと不安を抱いた。プレッシャーに強いのは愛甲のほうだ。このまま愛甲に投げさせるべきではないのか。

「とにかく、やれるところまで、やってみろ」

私は決断がつかないまま愛甲を先発のマウンドに送り出した。

果たして愛甲は絶不調だった。ストレートにいつもの球威がなく、決め球のカーブにも切れがなかった。コントロールまでおかしくなっていた。初回にスクイズで一点を取られる苦しい立ち上がりになった。

先攻の早実はそれで勢いに乗れるはずだった。だが、荒木投手は愛甲に輪をかけて悪かった。相手チームの守りのミスもあって、横浜高校は三回までに五得点をあげて荒木投手をノックアウトし、控えの芳賀投手を引きずり出した。

三回裏が終わった時点で五対一、いつもの愛甲なら楽勝ペースだったが、一向に立ち直る気配がなく、四回に二点を奪われた。五回には早くも球数が七十を超え、球威が一段と衰えて、とうとう一点差に詰め寄られてしまった。

私はダッグアウトに戻った愛甲に声をかけた。

「肩の調子はどうだ」

「やはり、重くて」

私はようやく気持ちに踏ん切りをつけた。

「川戸、行くぞ」

「はいっ」

川戸は勇み立った。

六回表を前に、川戸がマウンドに向かおうとしたとき、愛甲がさりげなく自分のグローブを差し出した。

「よし、俺が」と気負い気味の川戸の顔に笑みが浮かび、彼の表情が「よし、愛甲の分も」という潔い気配に変わった。

あのときの美しい場面が今も私の脳裏にはっきりと刻み込まれている。

愛甲は単にマウンドを川戸に譲り渡すに終わらず、キャプテンとして絶妙のタイミングで心にくい演出をし、優勝のかかったリリーフ投手を送り出した。その瞬間、愛甲と川戸の気持ちが一つにつながって、私が理想とした二人エースの継投を完成させた。

私は遅すぎた継投の成功を確信し、選手たちに試合のすべてを委ねた。

16

愛甲のグローブを右手にはめた左腕は、大舞台のプレッシャーをはねのけ、素晴らしいピッチングを見せた。バックも好投する川戸をもり立てた。六回裏に安西健二のヒットを

初優勝の歓喜に舞う著者

きっかけに一点を追加、二点差をつけて逃げ切った。最終回二死一塁三塁同点のランナーを背負ったとき、川戸が投げた球は入魂の内角シュートであった。

「ストライク、バッター、アウト!」

審判がコールすると同時に、川戸は右手のグローブを突き上げ、ガッツポーズをした。実際には両手を上げたのだが、私の目には右手のグローブがずっと高く掲げられているように見えた。優勝決定のとき、スター投手の陰に隠れたもう一人のエースがマウンドにいた。まさにドラマチックで、あらかじめ仕組まれたようであった。守備をしていた全員が駆け寄って川戸に躍りかかる光景を眺める私の目にこらえ切れず涙があふれた。

　監督の指示なしに選手が動く、これこそ全員野球だと私は確信した。

　以上が横浜高校が夏の甲子園で全国制覇を遂げるまでのいきさつであるが、以来、控え投手が川戸さんのようになりたいとよく口にするようになった。今でこそ川戸という固有名詞は消えているが、控え投手でも頑張っていれば檜《ひのき》舞台に立てる日がくるという内面的な伝統は脈々と受け継がれ、練習に活気を生んでいる。

　全員野球を実現する方法論を私は知らない。ひとたび実現したのは確かだが、あのときの選手で、あのときの私だからやれたのである。ただし、監督と選手の根底を流れるものは、きつい練習から生まれる相互信頼だと思う。選手が苦境に陥ったときは監督が親身になって救い、監督が失敗したときは選手がカバーしてくれた。相互に補い合うものがなければ本当の信頼は芽生えない。補い合うには監督・選手とも心身両面で高いレベルの技術を持たなければならない。必然、練習は厳しいものにならざるを得ない。

　どういう厳しさが選手にふさわしいのか。

　相手が異なれば、方法も変わる。監督の性格、資質も関係してくる。それでもあえていうとするなら、監督独自の経験則を土台にして、ありとあらゆる場面で発明、創意工夫をこころがけるほかない。

だから、私はこれまでの自分の手法を踏襲しないで、常に新しいやり方を試した。手痛い失敗をいくたびとなく繰り返し、反省から学んだ。失敗をあらかじめ計算に入れているから失敗のままで終わらず、次につながっていく。最初から成功を考えたら失敗するたびに挫折し、何事も頓挫してしまうだろう。

野球の目的は勝つことなのだから、いまさら考えるまでもない。必要なのは選手に見合った日々日常の目標なのである。

一九八〇（昭和五十五）年の全国制覇から、私は一転して別の方向を目指した。かつての選抜初出場初優勝直後の失敗が、私に新たな挑戦が必要だと教えていた。私はいろいろ考えた末に本場のアメリカ野球に方向転換のヒントを求めることにした。

第五章 〝怪物〟松坂の成長

1

自己否定と脱皮を実際に経験すると、強い向上心が生まれる。夜学の四年間にさまざまな学問をし探究心が身についたお陰で、自分の資質と指導力をもっと高めたいという欲求やみがたく、私は先輩のミッキー安川さん、報知新聞の中山さんをはじめ大勢の人の協力、周旋を得てアメリカへ渡った。一九八一（昭和五十六）年三月のことだった。

渡米中、私はカリフォルニア大学、ラソーダ監督率いるドジャースのフロリダキャンプ、サンディエゴの名もない高校の野球部を訪問し、それぞれの練習を視察した。いずこの視察地でも大きな収穫を得た。なかでもサンディエゴの高校野球部のグラウンドで目撃したワンシーンが強烈に印象に焼きついている。

ある選手が判断ミスをして連携プレーをいくたびとなく乱した。私ならとっくにどやしつけているだろう。監督がいつ怒り出すか、私は半ば期待するような気持ちでグラウンドを注視しつづけた。しかし、私が期待するようなことは何も起きなかった。

ただし、コーチの一人がその選手にたったひとこと声をかけた。

アメリカの高校生との交流では多くのことを学んだ

「メリー・クリスマス」

三月だというのに、なぜメリー・クリスマスなのか。

私は何か特別な意味があるのだろうと思い、同行の通訳にたずねたがわからないという。そうこうしているうちに、ミスばかりしていた選手が好判断の素晴らしいプレーを見せ、選手全員が大声で叫んだ。

「ナイス・プレー！」

どうやらメリー・クリスマスの意味がわからないでいるのは私だけのようだ。不思議でならないし、このままではすませられないと思い、私はその場でコーチに説明を求めた。

「今はクリスマスのシーズンでもないのに、どういうことなんですか」

「季節はずれ、すなわち、状況をわきまえないプレーをするな、そういう意味でいったんだ」

コーチはミスを犯した選手にみずから間違いに気づけという意味を込めてメリー・クリスマスと呼びかけたのである。ミスをした選手はそのジョークをヒントに自分で考え、どうプレーすべきか結論を導き出した。まわりの選手も状況をよく理解していて、きちんと答えを出した仲間を即座に讃えた。

意味がわかればどうということではなかったが、私は大きなカルチャーショックを受けた。

もし、日本の高校野球で同じようなミスが繰り返されたら、監督、コーチはおそらく選手を怒鳴るか、呼びつけて今のケースではこうすべきだと教えてしまうだろう。

たとえば、甲子園でよく見る光景だが、味方がピンチのとき、監督としては自分の指示より選手自身の直感と判断力で動いてほしいのに、試合前の確認事項などうわの空でちらちらと自軍のベンチばかり見ている。監督は仕方なく伝令を出して内野手全員をマウンドに集め、わかり切ったことを指示してしまう。試合が終われば反省会を開いて微に入り細をうがって教えてしまう。

日本とは似て非なる指導法と練習風景が、私の目の前にあった。

2

サンディエゴのとある高校のグラウンドで、私はこれから自分が目指す野球のあるべき姿を見出したような気がした。

自主性が養われれば、技術は自然とついてくる。

「いわれなければやれないというようなことでは駄目なんだ。俺はこれまで選手に教えすぎてきた。選手の考える力を奪ってきた。ここは一つ、やり方を改めないといかんぞ!」

私自身の選手に対するこれまでの指導法と言動を深く反省すると同時に、鳴り物入りでプロ野球に入った永川英植投手の悲劇が脳裏に蘇った。

永川は中学一年生のときからプロ野球界から将来はエース級と注目され、横浜高校に入ったばかりというのに、西鉄ライオンズが彼を中退させて獲得しようと食指をのばしたほどであった。永川は横浜高校と私に選抜初出場初優勝をもたらし、卒業と同時にドラフト一位でヤクルト・スワローズに入団した。

これから書くことはありのままの事実で特定の球団、コーチに対する批判ではない。すべてはよかれと思って行われた結果で、とかくありがちなこととしてわが身に照らして事実の意味するところを噛み締めてほしいと思う。

永川は一八〇センチを超える長身と猛練習で鍛えられた強靱《きょうじん》な筋肉を持ち、高校生離れした速球をビュンビュン投げていた剛腕投手だった。素材のよさはのちに西武ライオンズにいった松坂大輔投手にもひけを取らなかったであろうと、私は今でも思っている。

ところが、プロ入りしてからの永川は、ほとんどノイローゼのような状態で、私のところへ来てはよくこぼした。

コーチが代わるたびにピッチングフォームを直され、どう投げればよいのかわからなくなった。

あるコーチは月に向かって足を振り上げて投げろといったという。

私は永川のためを思ってアドバイスした。

「永川、自分の信念を持つことも大事だぞ。コーチのいうフォームが自分に合わないと思ったら、うんうんうなずいて聞いたふりしてればいいんだ」

しかし、元来、永川はそういうことができない性格だったのだろう。コーチの指導に逆らえず、私が最後に投球を見たとき、高校時代とは百八十度異なるピッチングフォームになっていて、ボールはホームベースにさえ届かなかった。

結局、永川はまったく活躍することなく引退して、川崎の鋼管通で焼肉店を営んだ。私がアメリカへ視察に出かけているとき永川はまだ健在だったのだが、やがて一九九一（平成三）年、三十五歳という若さで肝臓がんで他界してしまう。

仮にそれだけの寿命であったにせよ、永川はわずかな期間で消えてしまうようなやわな投手ではなかった。その思いが当時からあったから、私は選手の改造は絶対にすまいと心に誓っていた。だからこそ、選手の自主性を重んじ、みずから考えさせるアメリカ式指導法に強く魅せられたのだ。

帰国する飛行機の中で、私はこれまでの練習のやり方を吟味し、新しいテーマに挑戦しようと決意した。

3

アメリカから帰った私は、以来、千本ノックをやめ、一本一本正確なノックを心がけるようにした。数から質へ転換を図ったのである。相手が内野手でうまい選手のときには易しいゴロ、下手な選手のときは難しいゴロを打つようにした。センスのある選手は何をやってもうまい。むしろ、自信過剰で軽率なプレーに走りがちだが、正面のゴロをさばくことによって基本がしっかり身につくし、下手な選手は身を投げ出して捕球することで思い切りがよくなり、勇気あるプレーをすることで自信を持つ。好捕したときはすかさずほめてやる。

「ナイス・キャッチ！」

よほどのヘソ曲がりでないかぎり、ほめられて気を悪くすることはない。上手下手に関係なく、正面のゴロは基本通り体の正面で、左右の難ゴロにも平気で飛びつくようになった。

練習試合では先行された場合を想定し、追い上げる訓練をするためにわざと力量の劣る控え投手を起用して、相手に点を取らせるようにした。

「この試合ではどんどん盗塁しよう」

わざと劣勢に導くのだから、試合の前半はどんなことでも思い切ってやれる。勝ち負けにこだわらなければ、いろんな場面をつくり出せるし、そのときどうするか選手に考えさせられる試みが大した痛手を負わずにやれることを知った。

それはそれで大きな収穫があったと思うが、自主性野球には大きな落とし穴が口を開けていた。自主性野球は技術的には効果が上がったが、精神的な深層面に狂いが生じた。これまで締めて締めてやってきたのを、急に自由にやらせた反動が出たのだろう。

桑田、清原の二枚看板でＰＬ学園が全盛を誇った時期と重なり、ユニホームの胸に手をやって祈るしぐさを真似る選手が現れた。長髪にしたり、胸をペンダントで飾るようになった。

これではいかん、と私の思いは暗転した。

私が目指したのはノーサイン野球である。ノーサイン野球を実現させるには、いろんな試みが考えられると思うが、最終的には選手に徹底した自主性を身につけさせなければならないだろう。ノーサイン野球が実現するかどうかはともかく、自主性を育てるためには選手に野球が楽しいという認識を持たせることだと私は考えたのだが、選手は野球が楽しいと自主性を好き勝手にやればいいというふうに履き違えてしまったようだ。それからというもの三年に一度くらいの割合で甲子園に出場するものの思うように勝てないという状態が続いた。

贅沢な悩みといってしまえばそれまでだ。監督に来年はあっても、選手にはない。毎年出場するつもりで挑戦しなければ選手にもうしわけない。しかし、どう試みても風潮の変化は食いとめられなかった。

どうしたら、常勝軍団を実現させられるか。

選手の気質も昔とはずいぶん違ったし、もはや、自分の流儀とは噛み合わない。おのれの指導力に限界を感じ始めたとき、磯子駅前で同級生だった小倉清一郎とばったり出くわした。

4

小倉清一郎は選手の力をのばすのがうまく、一時、横浜高校でコーチをしていたことがあるが、ちょっとしたことが原因で去った。他校のコーチをして選手を育てたが、身分が安定しないため転々とし、そのときは横浜商（Y校）のコーチだった。小倉はY校でも手腕を発揮し、たびたび横浜高校に煮え湯を飲ませた。

「どうだ、渡辺、勝てないだろう」

小倉は横浜高校に勝つたび私に胸を張った。

そんな小倉を私は前から惜しんできた。横浜市立のY校では、農大卒だが教員資格を持たない彼は教師になる道がなく、身分が極めて不安定だった。持ち前の熱血指導で選手との間に摩擦でも生じれば、彼はたちどころにお払い箱になってしまうだろう。

もし小倉の身分がちゃんとしていたら、私はそのままあいさつするだけで別れたのだが、かつての同級生の将来が気になった。身分が定まらない不安は私自身味わってよくわかっていた。私は夜学で教員資格を取得し、すでに社会科の教師になっていた。横浜高校に来て夜学に通えば彼にも道が開ける。

いつまでも現状のままではまずいだろう。横浜高校に戻ってコーチをやりながら夜学へ通って教員免許を取ったらどうか

友情の誘いに小倉の心は動いた。愛甲投手で全国制覇を遂げてから実に長い歳月が費やされ、一九九〇（平成二）年になっていた。

十数年の間に時代は激変し、部員の気質も違っていた。めぐまれて育ち、叱られる経験を持たない部員に厳しく接したら、監督との間に距離を置いてしまう。これでは指導にならない。一人二役の通じない時代なのだ。だが、強い選手、勝てるチームをつくるのに厳しさはどうしても不可欠なのだ。

小倉コーチと私は同級生のときから仲がよかった。気性の違いもお互いに呑み込んでい

た。監督、コーチの関係も経験し、意見の違いも認識していた。そうした経験のすべてを勘案し、私は小倉コーチにいった。

「俺は小倉の手腕を高く評価している。名目は部長でも、監督のつもりで指導してほしい」

小倉コーチはチームプレーや技術面の指導に見るべきものがあった。私は小倉コーチの得意分野では身を一歩引いて彼の意見を尊重し、選手の精神面を受け持つことにした。いわゆる二人三脚で、実質的には二人監督制である。

私は自分の流儀を昔に戻すつもりはなかった。何が欠けているかもしっかり認識していた。自主性野球を貫くと指導に甘さが出る。欠けたのは作戦と技術を伴った熱血指導だ。小倉コーチはあえて現代っ子選手の嫌われ役を務め、選手をびしびし鍛えた。

私は確信犯的に小倉コーチの熱血指導を黙認した。そして、小倉コーチの言動で選手のプライドが傷ついたと判断すると、それとなくフォローした。私だけがよいところ取りしたわけだが、小倉コーチは快く黙認してくれた。つまりは善玉役と悪役の二人三脚であった。これもある意味では創意工夫である。選手の作用と反作用がうまく噛み合って横浜高校野球がようやく望む方向に進み出した。

5

小倉清一郎コーチは甲子園六回優勝が目標と公言した。そのための常勝軍団である。表現は違っても私と小倉コーチは目的でも一致した。私と小倉コーチの二人三脚は至って快いものになった。

小倉清一郎コーチ（左）と二人三脚でチームを指導

一九九四（平成六）年は春夏とも甲子園に出場し、幸先のよいスタートを切った。九五（平成七）年は夏の神奈川大会準決勝で日大藤沢に阻まれたが、どこまでも優勝を目指してさまざまなことを試みた。抽象的にいえば、試合であのときなぜやっておかなかったのかと後悔することがないように、ありとあらゆることを試みた。既成の概念を排して左利きの捕手や三塁手などを試みて、なぜそれがいけないのか不都合な部分を実際に確認したし、投手の呼吸を乱さないために常識にとらわれないフォーメーションを思い切って取り入れたこともあった。

練習パターンは一つのプレーの反復練習を繰り返すことに終始し、しっかりと身についたのを確認してから、次のプレーの反復練習に移った。あれもこれもと一度にやって六割しかできないことを百積み重ねても、結局、プレッシャーのかかる試合ではあれもできない、これもできないで終わってしまう。それぐらいなら、十割のことを六割積み重ねたほうが実践で役立つ。もちろん、目標は十割のことを百積み重ねることだった。

「目標がその日その日を支配する」

黒土四郎先生にいわれた言葉に、私はどこまでも忠実に従った。

小倉コーチはノックの名手である。無駄な打球がなくなって、私のときより限られた練習時間が生きたものになった。練習は小倉コーチに一任して、私はピッチャーのそばでアドバイスする程度になった。

九六（平成八）年を迎えて、中本牧シニアの小池正晃、小山良男、常盤良太らが横浜高校に来ることになり、彼らと組めば絶対に甲子園に行けると考えた松坂大輔がつられて入ってきた。しかし、当時の松坂は球は滅法速かったのだが、コントロールがまるでなく、練習も熱心ではなかった。エースは三年生投手の松井光介で、控えは二年生の石橋幸敬と杉山正樹だった。この年、九四年同様に春夏甲子園出場を決めたものの選抜は初戦敗退、夏の全国大会は三回戦で散った。松坂は夏の甲子園からだが、ベンチにも入れないでスタンドで声援を送っていた。当時の松坂はほとんど印象にすらなく、当然、戦力構想にもなかった。

ただし、松坂が「何で僕ばかりひどい目に遭わされるんだよ」「入るところを間違えたかな」と嘆いたほど小倉コーチがノックの雨を浴びせた。それもアメリカンノックである。レフトからライトに何十回となく走らせて、松坂の足腰を鍛えた。だが、彼のコントロールの難点は容易に解消しなかった。

松坂がマスコミに怪物と騒がれ、松坂世代の語を生み出すほどの活躍を見せるのはまだ先のことだ。怪物のタマゴの段階の松坂が孵化《ふか》するにはまだ一工夫も、二工夫も必要で、行く手には試練のドラマが待ち受けていた。

6

一九九七（平成九）年のチームは三年生になった石橋幸敬と杉山正樹が中心で、二年生の松坂大輔はまだ粗削りのまま夏の神奈川県大会を迎えた。だが、石橋も杉山もいまひとつピリッとしない。二人に奮起をうながす意味で松坂にエースナンバーを与えた。しかし、県大会が始まっても、三年生の二人の調子が上がってこない。逆に松坂は投げれば投げるほど凄みを増した。松坂がほとんど一人で勝ち抜いて、気づいてみれば準決勝に駒を進めていた。

強力なライバルだった古屋文雄監督のあとに入った管野監督率いるY校が相手だった。このY校戦は私にとっても生涯の記念碑的な試合になった。

小倉清一郎コーチとの二人三脚で三年間に春夏甲子園出場を二度も果たし、周囲は神奈川大会は出れば勝つという期待を横浜高校に持っていた。そこへ高校生投手には見られない一五〇キロを超す速球を投げるエースが颯爽《さっそう》と登場し、出れば勝つの期待を確信にまで高めた。だから、県大会準決勝の味方のスタンドには最初から頂きという雰囲気が漂っていた。もちろん、私も勝てるものと信じていた。

ただし、松坂のあの一球がなかりせば。

その球が投じられたのは横浜高校が二対一でリードして迎えた九回の裏のことだ。松坂の球の走り、Y校打線の調子からいって、よもや逆転はあるまいとだれもが横浜高校の勝利を確信した直後、突然、彼が崩れて連打で一点を失い一塁三塁、一打逆転サヨナラのピンチに陥った。松坂がセットポジションで投球モーションに入ったとき、三塁ランナーが

1997年夏の神奈川大会。松坂の大暴投で横浜商業に敗れる

するするとスタートを切った。

「スクイズだっ！」

松坂の背後でだれかが叫び、バッターがバットを寝かせた。

次の瞬間、松坂が投じたその試合の最後の一球はバックネットに突き刺さり、グラウンドに転々と転がった。捕手の小山良男が慌てて拾いにいったが、間に合わない。三塁ランナーは悠々と生還していた。

私の目の前で時間が止まった。味方のスタンドから聞こえた悲鳴が、やがて怒号に変わった。

「渡辺、バカヤロー、何やってんだ。負けたのはおまえのせいだぞ！」

「ヘタクソ、駄目監督、やめちまえっ！」

味方のスタンドからやめろというような罵声《ばせい》

を浴びせられるのは、三十年になろうとする野球人生で初めてのことだった。だが、私のことなどはどうでもよい。可哀相《かわいそう》だったのは三年生選手である。彼らには高校最後の夏の大会であった。甲子園に出場することだけを夢見て、三年間、歯をくいしばり、激しい練習に耐えてきたのだ。

しかし、男泣きする松坂をだれも責めなかった。あの一球は暴投ではなくスクイズバントをはずすウエストだった。そういう練習を積んできたが、小山の技量をもってしても捕れない球だった。選手たちはやるべきことをやった結果として受け入れた。以後、松坂が目の色を変えて練習に励むようになった。だが、私は心臓に病を発症して入院、二重に落ち込んで監督をやめようと思った。

7

さて。

心房細動、入院という不測の事態でひょっとしたら、野球ができなくなるかもしれないという恐怖に襲われたとき、酒ばかり呑み、少しもお坊さんらしくない白幡憲佑師のことが私の頭に浮かんだ。

「この瞬間は二度とない。それが一期一会だぞ。しかし、何事に打ち込むにせよハンドルの遊びが必要だ。それが私の酒だ。僧侶だからといって酒を呑むのに何らやましいところがあるものか」

私は白幡師の開き直りとも思える境地に学び、病院のベッドで、野球をやれることのしあわせ、喜びの味を本当の意味で知り、深く噛み締めた。

病気はショックだし、野球の邪魔だ。しかし、なってしまったからにはじたばたしてもしようがない。病気とも一期一会、野球とも一期一会、この一瞬を大切にしよう。病人でいるときは病人になり切り、野球がやれるときがきたら存分にやらして貰《もら》おう。

悟りのような境地にひたったとき、監督から身を引こうとした自分がバカのように思われてきて、肩から余分な力がすっと抜け落ちた。松坂のノーコンは難題などではなく、むしろ、私は解決する楽しみを与えられたのだ。

身体能力、野球センスだけでは一流、超一流にはなれない。劇的な一球を投げる前の松坂大輔は練習が嫌いで、押しつけられるから仕方なくやるという姿勢が見え見えだった。これでは排気量ばかり大きくてハンドルを持たない自動車のようなものである。

その松坂が練習に率先して励み出した。

平成の怪物・松坂を指導し、四冠への道を

まがりなりにもハンドルが必要なことに気づいたようだ。

私は入退院を繰り返しながら、それをチャンスととらえ、松坂のコントロール矯正に乗り出した。しかし、単なる投げ込みだけではコントロールは身につかない。真面目に根をつめるだけでは視野が狭くなるばかりで、よい考えも浮かばないということを、私の前半生が教えてくれていた。

自動車を運転する人ならわかるだろうが、ハンドルに遊びがあるからうまく走らせることができる。人間も同じで四角四面のやり方では何をやっても苦痛に感じてしまう。会話でいえばジョークがちょうどハンドルの遊びに当たる。

私はまず松坂の投球から観察を始めた。とっくにやっていたことだが、このときの私には松坂を育てる楽しみがあった。あらためて見つめ直してみると、彼はスローカーブのコントロールが抜群にいい。

「おい、松坂。スローカーブのフォームでストレートを投げてみろ」

なりゆきから思わず口をついて出たアドバイスであった。

やれといわれてすぐやれるようなことではなかった。だが、松坂は戸惑うようすも見せずに苦もなくいわれた通りにやってのけた。そこが松坂の非凡なところである。果たしてこれまでより格段にコントロールがよくなった。

これまでの必死の指導を笑《あざわら》うかのような結果だった。私は複雑な思いで松坂の投球を見守った。

8

高い勘定を払って酒を呑み、舞妓《まいこ》の踊りを楽しむのが何で一流なんだ。かつて京都の和田屋でそういって白幡師にどやされたことを、私は何の脈絡もなく思い出した。

さては、こういうことだったのか。

これでは何の説明にもなっていないのだが、私は松坂大輔の豹変《ひょうへん》に一流を育てるコツのようなものを感じ取った。すると、高きから低みに水が流れるようにアイデアが浮かんできた。

私はホームベースの上にボールをそっと置いてからいった。

「今度はこれをねらって投げろ」

リリースポイントをできるだけホームに近いところに持ってこさせることと、低めにボールを集める指先の集中力を高めるのがねらいである。

松坂はマウンドから狙撃する練習に取り組んだ。ゲーム感覚である。松坂は夢中になってボールめがけてボールを投げ続けた。もちろん、スローカーブを投げるときのピッチングフォームで。

ホームベースをねらえといっても容易なことではないというのに、的の大きさはボール一つ、当てるのは至難の業だ。まだノーコン返上途上の松坂は、最初はまぐれを除いてまったく当たらなかった。

しかし、そこが怪物の怪物たるゆえんである。

松坂は毎日飽きることなく黙々と練習をこなし、小さな的をねらい続けた。しばらくすると、惜しいところにボールが集まるようになった。ホームベースのまわりに幾筋もついたボールの跡が上達ぶりを物語っていた。

そしてついに快い瞬間が訪れた。ボールがボールを弾いてセットし直す手間がわずらわしいほどになったのだ。さらに練習を続けると、ある程度はねらって当てられるようになった。

私はすかさず命じた。

「十球当てるまでは終わるな」

それが簡単にできるようになると、今度は三球連続して当ててみろと目標のハードルを引き上げた。私がどんどん目標を引き上げていくというのに、松坂は驚異的なスピードでクリアしていった。

もちろん、それまでにいく間、かなりの球数を投げることになるから、スポーツジムに通わせたり、マウンテンバイクを使った練習を取り入れ、筋力のバランスを取る試みも行った。肩の状態のチェックはもちろんのことである。

一方、捕手の小山良男にもスケールアップしてもらう必要があった。小山は決してキャッチングの下手な選手ではなかったが、ぐんぐん成長する松坂の球は並みの高校生捕手では受けられないまでのレベルに凄みを増していた。

私は小倉清一郎コーチと相談して、マウンドより前に据えたピッチングマシンから百四十キロの速球を発射し、まず小山の目をスピードに慣らさせた。慣れると今度は小倉コーチが至近距離からノックを浴びせた。

小山もまた並みの高校生捕手ではなかった。練習の成果はめざましいほど現れて、ついにここに呼吸もぴったりの怪物バッテリーが誕生した。

9

松坂大輔たちが三年生になった一九九八（平成十）年、横浜高校はわれながら恐ろしいほど強いチームに育っていた。課題であった制球力を克服した松坂の速球とカーブは一段と効果を高め、小山良男の好リードがさらにそれを裏打ちした。

打撃陣も好調であった。松坂、後藤武敏、小池正晃、小山という中心選手は高アベレージを維持し、二割、一割しか打っていないバッターもチャンスできちんと結果を出した。

「ワン・フォア・オール」

あのY校戦の悪夢の一球で三年生の夢を絶って以来、松坂が座右の銘にした言葉だというが、それがいつの間にか横浜高校のチームカラーになっていた。全員がチームバッティングを心がけた。私は相変わらず入退院を繰り返しながら、小倉清一郎コーチの強いチームを育てる指導力に舌を巻いた。

病み上がりの私はただ黙ってベンチで監督然と構えているだけでよかった。これがチームづくりの理想だと思った。ただし、私がそれを一つの到達点として確かに感じ取るには、最終試験をパスしなければならなかった。

1998年夏の甲子園大会。名勝負となったＰＬ学園との死闘を制する

選手たちがワン・フォア・オールに徹するにつれ、逆に私は選手一人一人を大切にする気持ちが強くなった。妙といえば妙かもしれないが、理屈に叶《かな》っていると思う。全員野球、

ノーサイン野球ができるようになったら、監督の仕事は選手個々のことに配慮する以外にすることがなくなってしまうからである。

私は優勝の二文字を一度も口には出さないで、袴塚健次と斉藤弘樹の二年生控え投手にさりげなく声をかけた。

「甲子園では必ずおまえたちが投げることもある。そのつもりでいてくれ」

来年のために経験を積ませる意味もあるが、優勝するために松坂を酷使しないと、私は密《ひそ》かに心に決めていたからである。優勝候補の筆頭に挙げられているのに、優勝したいというような言辞を弄《ろう》すれば選手にはかえってプレッシャーになり、前年夏の県大会敗退に責任を感じている松坂は腕が折れてもという思いになってしまうだろう。

選抜優勝を受けて春夏連覇をかけて臨んだ甲子園、横浜高校にPL学園が立ちはだかった。果たして松坂は延長十七回二百五十球を一人で投げ抜いて、チームを勝利に導いた。

恒例の勝利監督インタビューを受ける私の脇で、松坂がいった。

「明日はもう投げません」

普通なら「腕が折れてでも投げます」と受け答えするところである。もとより私は投げさせるつもりはなかったが、松坂が自分で平然といったことに唖然《あぜん》とさせられた。しかし、すぐに松坂の確かな人間的成長の証と理解した。

自分以外にも袴塚と斉藤がいる、万全でない状態で投げるより、彼らに試合を委ねたほうがチームのためになるだろう。松坂がそう考えていったとしたら、彼の座右の銘は本物だったことになる。

「ぼちぼち、お仕事しませんか」

同時に私は天の声を聞いたような気持ちにさせられた。

10

次の試合は優勝に王手のかかる大事な準決勝で、しかも相手は前日の関大一高戦で好投手久保康友君に十三安打を浴びせた強打の明徳義塾戦。エース松坂を立てて負けたのなら、だれもが納得してくれるだろう。しかし、いかに松坂本人が投げないと明言したからとはいえ、勝負どころで控え投手を先発させたら愚将の譏《そしり》を免れない。

松坂にいけるところまでいってくれといえば、彼は文句をいわずに投げる男だ。松坂は潰《つぶ》れるかもしれないが、私は非難の矢面に立たないですむ。

どちらか一つに決断するのが、私に与えられた仕事になった。

この選手をつぶしてはいけない。

私は選手のためを第一に考えた。将来ある松坂だからではない。だれであっても、そういう気持ちになったと思う。

どうせこっちはY校戦で地獄をのぞいたのだ。愚将とでも何とでもいえ。命まで取られるわけじゃない。

そんな感じに私は開き直った。負ける覚悟をした。こんなことは初めてだ。負けるのに覚悟がいるのかと問われるかもしれないが、常勝軍団を率いる監督としてたった一つの敗戦が恐ろしかった。勝つのが義務なのである。敗軍の将となる覚悟がついたとき、ありとあらゆる呪縛《じゅばく》から解き放たれて実に新鮮な心境になれた。

私は控えで二年生投手の袴塚にいった。

「袴塚、頼むぞ」

選抜で甲子園のマウンドを経験したとはいえ、夏の全国大会は雰囲気からして違う。超満員に膨れあがったスタンドの熱気は圧倒的だ。あと二つ勝てば優勝というプレッシャーの大きさが平常心を吹き飛ばそうとする。

果たして袴塚は四回につかまった。ヒット三本で先取点を奪われて動揺したのか、五回先頭の藤本敏也君にレフトスタンドに運ばれ、谷口和弥君にもツーランを浴びた。

スタンドの雰囲気に無言の抗議を感じ取ったが、こうすることが俺の信念とひたすらい聞かせて、三番手の斉藤弘樹をリリーフに送った。斉藤も小刻みに点を奪われて、八回表の時点で○対六とやられ放題の展開になった。しかし、いいかげんなプレーは一つもなかった。スタンドからヤジが飛ばなかったのは、選手たちの真剣さが伝わったからだろう。

「斉藤、行け」

私は準決勝にふさわしい試合の内容に満足して選手に声をかけた。

「おまえたち、あとは楽しんでやれ」

私は第三者的な立場にいて、試合を楽しんでいた。すばらしいチームの明徳義塾を讃《たた》え、横浜高校の選手の健闘に感謝した。こういう立場を演劇界では離見の見というのだそうだ。舞台の役者は自分の演技を観ることはできない。だから、常に観客席にもう一人の自分を置いて演技をチェックするのだという。

負けの責任は俺が取る。おまえたちはよく戦った。あとは思い切り楽しんでこい。それが、三年間、苦労を共にしてきた選手たちにかけてやれる唯一の言葉であった。

楽しんでやれ。

11

勝利がすべてに優先する甲子園の舞台で、そういう心境になれた。勝利至上主義だった渡辺元に決別できた。しかし、やはり勝利は至上である。勝つことだけがすべてではないとわかったからこそ、それでもなおという。勝利の頂点に立つことが究極でなくなってしまったら、汗にまみれ、泥を浴びて切磋琢磨《せっさたくま》する過程がなおざりになってしまう。優勝は名誉というより、だれもが認める目標なのだ。

さて、ところで。

選手たちの追い詰められたような表情に生気が蘇《よみがえ》ったのを見て、私は松坂大輔を出すしかないと思った。最高のメンバーで試合を締め括《くく》り、この年の甲子園を総決算しようとした。

「松坂、投げられるか」

「投げられます」

松坂がきっとして一点の曇りもない表情で答えた。

味方の攻撃が始まる前、ブルペンに出て肩ならしを始めた松坂を見て、待ちに待ったと

1998年夏の甲子園大会準決勝明徳戦。大逆転で決勝へ

ばかりにスタンドが沸いた。演出したわけではないが、効果は抜群だった。スタンドは納得し、熱狂した。判官びいきのスタンドの声援に乗せられて甲子園の魔物が目を覚まし、あと一歩で決勝進出と確信した明徳義塾にとりついた。

松坂はブルペンの投球の段階から凄みがあった。

「ズドン、ズドンッ！」

ミットにボールが突き刺さる音が聞こえたのだろうか、これまで横浜高校打線につけ入る隙《すき》を与えなかった寺本投手、野手たちは明らかに動揺しているようすだった。

「松坂が来る！」

甲子園の心理ドラマがこうして幕をあけ

た。

八回裏、先頭の加藤重之の平凡なショートゴロが相手野手のエラーを誘い、スタンドがどよめいた。松本勉と後藤武敏が連続してヒットを放ち、一点を返してなおも無死一塁二塁のチャンス、次のバッターは四番松坂。彼が寺本投手の球をセンター前にきれいに弾き返して走者が生還すると、スタンド全体が異様に盛り上がりを見せ、寺本投手は控えの高橋投手にマウンドを譲った。暴投で一点が入ったあと、代打の柴武志にタイムリーが出て、横浜高校は二点差に迫った。

九回表、松坂が試合のマウンドに立ったとたん、どちらがリードするチームかわからないムードがあたりを支配した。松坂は鬼神のごとき気迫で明徳打線のクリーンアップをわずか十五球で仕留め、不敵な笑みさえ浮かべてベンチに帰ってきた。

二点差の逆転は呆気《あっけ》ないものだった。サヨナラとなった柴のセンター前ヒットは、腕をいっぱいに伸ばしたセカンドのグラブをかすめて飛んでいったが、相手野手も金縛りに遭っていたようだ。外野の芝にフライが落ちた瞬間、選手たちは優勝が決まったかのように躍り上がってベンチを飛び出した。奇跡の大逆転勝利で横浜高校の校歌を私はまた甲子園で聞くことになった。

勝っても負けても甲子園には格別なものがある。勝ちにいけば負け、負ける覚悟で臨めば勝つ。実に不思議な世界で、まるで予測がつかない。しかし、忘れてはならないものがある。

対戦する相手チーム、選手の存在である。

相手なくして戦いはない。お陰さまで試合が成り立つ。試合の前提として正しいマナーとフェアプレーが求められる。甲子園は高校野球の最高の舞台だから、出場するからにはそれにふさわしい品格が求められる。高野連が野球部の不祥事に厳罰を科すのは、高い品格を求めるからだろう。監督も選手もそうした背後の意図を理解すべきだ。少なくとも私はそのように理解している。したがって、勝者は敗者に惻隠《そくいん》の情を持つ必要があるし、敗者は勝者を讃《たた》え、捲土重来《けんどちょうらい》を期する。人間的な錬磨と成長を含めて戦いは甲子園があるかぎり続く。

一九九八（平成十）年、横浜高校は甲子園春夏連覇に続いて、神奈川国体でも優勝、これに前年の神宮大会初出場初優勝を加えて四冠を達成したわけだが、私は栄光より挫折、成功より失敗、勝利よりも敗戦に、より大きな価値を見出した。

今、私の頭にあるのは、次の甲子園優勝である。過去の四冠、破竹の四十四連勝より、好投手涌井秀章を擁しながら五年ぶりの優勝を果たせなかった悔しさである。選手にとっては三年間の高校野球人生、その時々の彼らの夢を叶えさせるためにも、常勝軍団を維持する責務がある。四十年あまり監督を続けてきた私にとっても、小倉清一郎部長にとっても、常勝軍団の継続はいまだに見果てぬ夢で、常に一から出直して甲子園を目指し、戦いはいつまでも続く。

ただし、過去の実績に恩恵がなかったわけではない。甲子園優勝の何よりもの褒美は、渡辺元智の名が少しは世間に知られ、認められたことで田中、渡辺両家から受けた勘当が解け、妻の紀子にも光が当たって所在の知れなかった生き別れの妹と弟が名乗り出たことであった。

「やっとわたしにも春がきた」

決して心のうちを明かさなかった妻がいった。

ここまでよくついてきてくれたと思う。成長した二人の娘は結婚し、孫をもうけ、協力して合宿所の賄いを受け持ち、母親に取って代わった。紀子は手伝う立場になれたお陰でようやく自由を得、離れ離れだった妹、弟と揃って墓参りに出かけるなど、失われた時間を取り戻し遅れた春を満喫している。

卒業した選手の母親や奥さんも紀子を訪ね、「監督はいないでいい、奥さんのところへ来たのだから」といっては、妻を旅行に、登山に、ゴルフにと誘い出していく。本来なら私がやらなければならない穴埋めを、みんながやってくれているのだ。いまさら女房孝行もないだけに、除け者にされればされるほど逆に私は嬉しくなってしまう。

「むかしの子どもたちは、こうやっていろんなものを食べた」

賑《にぎ》やかな輪の中心で紀子も楽しそうだ。結果が伴わなければどうなったかわからない夫婦の忠臣蔵も、こうしてめでたく大団円を迎えた。

第六章　野球人生を振り返って

1

2004年11月。夫人と同席で還暦祝いを

高校野球四冠達成で夫婦はみずからの境遇に仇討《あだ》ち本懐を遂げた。私は長く背負ってきた大きな荷物を降ろした心境だが、まだまだ過去の負債が清算できたわけではない。現役の身でありながら指導教本まがいの著書を上梓《じょうし》し、今度は新聞という公器にわが人生を執筆するのに対し、かつての私に殴る蹴る罵るの指導を受けた選手は、恐らく何を偉そうにという思いでいるに違いない。だから、連絡のつかない彼らへの詫び状のつもりで、あえて自分の恥部をさらけ出した。

四十年の野球人生を振り返ってみれば、私自身も、渡辺野球も、最初とはまるで正反対の場所にいた。

出だしのころの私は野球一筋、無我夢中でまわりを思うゆとりがなく、強い選手を集め、ひたすら厳しく鍛える笹尾野球継承の域を出なかった。

ただし、いいわけが許されるなら、前半期の私にもたった一つの取り柄があったように思う。めぐまれた生い立ちを持ち、しあわせな境遇にある人なら気の毒で目を背けてしまいそうな物事を自分のことのように受けとめ、現実を真っすぐに見つめ、選手と二人三脚で真剣に取り組んだことである。

とにかく食えるようにならなきゃいけない。気の毒ではすまされない。

小さいときから私は言葉だけの同情が嫌いだった。私の境遇を気の毒に思った大人から声をかけられたとき、うるさいっと怒鳴って反発したことさえあった。私に必要だったのは実際に勉強を見てくれた隣家のおじさん、キャッチボールの相手になってくれた石川保男先生のような人の存在だった。花より団子、同情より世話であった。

横浜高校は両親の国籍が異なる人の多い横須賀、華僑が住む中華街、在日韓国・朝鮮人が集まる鶴見、川崎を周辺地域に持つことから、野球部に国籍の異なる選手、事情のある境遇を抱えた選手が常に在籍した。

当然、彼らは他人に口に出していえない重荷を心に背負っていた。

国籍も家庭環境も一切不問のプロ野球の世界に進んだ選手はさておき、かつては遊郭だった町を住所とするだけで就職できなかった選手がいた。どこを受けても面接で落とされてしまう。

当時の入社試験は筆記はなく面接だけだった。

変だなと思って彼に原因を質《ただ》すと、遊郭があった町に家があるというだけの理由で、過去に姉さんの縁談が破談になったことがあるという。

「よし、俺が一緒に行ってかけ合ってやる」

私は彼が受ける市内の有名ホテルのコック長に会って頭を下げた。

「彼は練習熱心で、仲間からも好かれ、性格的にも見るべきものがあります。どうかお願いします」

こうして彼の就職がようやく決まった。

日本国籍の選手でさえこのありさまだったから、国籍の異なる選手たちの卒業後は困難を極めた。前述したケースはほんの一例で、彼らの就職、卒業後の人生にまでかかわることによって、私の野球人生の番外編が始まった。

2

ある時期まで県外から入学した強い選手を家に置いて叩くのが私の方針だったが、卒業生が増えるにつれて就職にからむ難題が多くなり、彼らの進路を切り開く必要性に迫られ、問題児を家に置こうと決意した。

「野球が強いだけじゃ外の世界では通用しないぞ。受け入れた以上は何とかしてやろうじゃないか」

横須賀で番長を張っていた山際と松岡の成功が下敷きにあったから、その気になれたのだと思う。二人のうち松岡は両親の国籍が異なっていた。彼らとは年齢差がなかったし、共通する気質があったから、チームが本当に一つにまとまった。私の指導が技術的な向上より人間の錬磨に傾いたのは、そのころからだったように思う。

それが渡辺野球の最初の転機だった。

生活面の指導から始めて愛甲、安西を引き取ったあたりから渡辺病院と呼ばれたといえば聞こえはよいが、選手の世話の一切は妻の紀子がしたのだから、最初のうちの私はあまり役に立っているとはいえなかった。

あるとき、選手の姉が在日韓国人であるのを理由に恋人との仲を裂かれて焼身自殺を遂げた。民族問題に疎かった私には衝撃的な出来事だった。

振り返ってみれば、似たようなことがいくつかあった。そのうちの一つにある在日元選手の凄絶《せいぜつ》な死がある。兄弟で前後して野球部に入り、弟はエースとして活躍したが、兄も素質があったので、私は大学に進学して野球を続けるように彼を指導した。

大学へ進学した兄が、ある日、私を訪ねてきた。

「監督、すみません、せっかく勧めていただいたのに、大学を辞めることにしました」

「どうしたんだ」

「実はぼくは在日韓国人なんです」

母親は日本人なのだが、韓国人の父親が家族を残し、一人で国に帰ってしまったのだという。

「母親の面倒を見、弟に野球を続けさせるために、働くことにしました」

働くといってもまだ民族問題が表面化していない時代のことで、企業のほとんどが外国籍の人間の採用を拒否していた。結局、私はどうしてやることもできなかった。彼は群馬県まで流れてパチンコ屋に就職し、横浜と群馬県を毎日往復、三時間にも満たない睡眠で身を粉のようにして稼ぎ、わずか数年で家を建て焼肉店を開いたかと思うと、間もなく過労死で呆気《あっけ》なく世を去った。

衝撃に衝撃が重なって、私はとある決意を余儀なくされた。

民族問題を理解しないといかんぞ。

ここで初めて渡辺病院と呼ばれるに値する私の活動が始まった。

夏の甲子園大会が終わると、韓国では九月から大統領杯ほか五つの大会が始まる。在日同胞選手でチームを編成して出場できるシステムになっていたので、私は在日同胞の選手を連れて行き、祖国と交流を深める機会にしようと考えた。しかし、ある選手は北朝鮮籍でビザが取れず、韓国籍の在日選手は拒否した。

3

在日一世の親は熱心に勧めるのだが、二世の子の心は別にあって、俺は日本人だ、嫌だという。私はいきなりカベにぶつかった。私は嫌がる選手の説得に苦労しながら、どうにか在日同胞チームを編成し、九月に始まるソウル市長杯大会出場にこぎ着けた。

そのソウル市長杯大会で嫌がっていた二人の選手が大活躍し、たまたま優勝してしまった。ソウル市長杯を手にしたとたん、二人は喜びを爆発させ、胸を張って祖国に愛着を持つようになった。こうしたことがきっかけになって、私は在日同胞選手の両親からいろいろと相談を持ちかけられるようになった。

韓国の大会出場と前後するかたちで、戦前は日本人学校だったという釜山高校で学んだ私設応援団のある人の紹介によって、年に一度くらいの頻度で同校野球部の指導に行くことになった。私が指導を始めた当時、釜山高校の校長は共金術（キンジュンコウ）先生で、日本の帝国大学を出ていたから日本語が達者なはずだった。しかし、行けども行けども通訳を介してしか私と話さなかった。

ところが、ある年、釜山高校が韓国の全国大会で優勝した。

「渡辺監督に指導を受けたお陰だ。優勝祝賀会をやるから、ぜひ、来てくれ」

円の価値がウォンを大きく上まわった時代で、私を招請するのは大変だったはずである。喜んで渡韓すると、共校長が通訳抜きで私に話しかけてきた。

「何十年ぶりかで日本語を使います」

その言葉が共金術校長の気持ちの変化を如実に語っていた。

私は改めて日韓交流の溝の深さを痛感した。同時にどうすれば溝が埋まるかも理解した。最初はこちらが渡韓するだけだったが、十年ほど前、向こうからも選手が来るようになって、横浜高校と釜山高校野球部の交流が本格的に始まった。

こうした経験も私にはこやしになった。

それも横浜高校に在日や両親の国籍が異なる生徒、華僑の選手が多く集まったからである。

様々なアドバイスを受けた先輩・ミッキー安川氏(左)

藤木企業グループの藤木幸夫会長、横浜高校OB会会長だった故白幡憲佑師をはじめ、限られた恩人にしか触れてこなかったが、基本的に影響を受けたのはこのお二人であるとしてもほかにもいっぱいいる。野球部の主治医を務めてくださっている横浜南共済病院院長の山田勝久先生は、私が夜学に通った当時の体育衛生の教授で、そのご縁からお招きし、今では選手の身体管理に欠かせない存在である。関東学院大学野球部の工藤房雄監督には顔を合わせるたびに「ナベさん、頑張れよ」と励まされた。南部市場星浜産業の泉国明さん、東横商船の飯泉牧太郎さん、笹田組の笹田照雄さんには今もお世話になりっ放しだ。神奈川県高野連の石川敬前理事長、先輩のミッキー安川さん、先だって他界した黒土将文前学園長、黒土創現理事長の支えも大きかった。恩人の名はいちいち挙げ切れない。

今はただ大勢の恩人に感謝あるのみ。

しかし、私はこれまでに受けた恩義は選手、部員の指導を通じて社会に返すものだと心に決めている。

4

四十年を超そうかという野球人生の途中で、時代が変わり、選手の生い立ちも気質も違ってきた。初志貫徹が俺の生きざまとばかりに突っ走っていたら、間違いなく私は世の中から排斥されていたと思う。

そもそも指導と暴力の違いは何であろうか。

選手に対する的確な洞察と深い愛情が根底にあるかないかの違いだろう。愛情がなければ言葉も暴力になるということにも私は気づいた。

野球がスポーツであるからには勝利至上主義が絶対的なものであることに変わりはないのだが、いつのころからか、私はレギュラー以外の選手の姿にも目が向くようになった。

現在も精力的にグラウンドで指導にあたる

野球が下手くそで横浜高校の練習についてこられない部員がいた。

「おまえなんかやめろ」

選手にいわれて私のところへ訴えて来た。

「監督、僕、ついていけません」

私自身が野球の落ちこぼれだから、彼に本心を確かめると果たしていった。

「選手にはなれないけど続けたい」

「それだけ聞けばよい。信頼してついてきてくれ」

続けられたことで、親も子も喜んだ。

故障して試合に出られなくなった選手が合宿所で一生懸命手伝いながら、僕は三年間を全うしたい。少しも苦にならないと胸を張っていう。

私は同情するのが苦手だから見て見ないふりをするが、こういう部員こそ人生の勝利者になると思った。だから、教師としての立場から選手にいう。

「野球だけじゃ駄目だぞ。高校生としてきちんとしないと認めないぞ」

あの監督が仏のようになるなんて。

こんな感想をよく聞かされるが、いろんな経験が私の心を耕し、野球の外の世界で見守ってくれる大勢の恩人が、渡辺元智という人間に磨きをかけてくれたお陰である。

栄光も体験したが、それ以上に苦労を積み重ねた。だから、恩人たちにいわれた言葉の重みがわかった。苦しみに没入する中で得るものがある。そこに学校教育に必須の原点がある。

いつしかそれを忘れた世の中になって、同等に振る舞うのが尊重、可愛がることを愛情と履き違えて、教師も親も生徒を叱ることをしなくなった。熱いときに鍛えられなかった鉄は鋼にはなれない。鋼になっていないのに世の中に出て鋼として扱われたら、彼らは社会からドロップアウトしてしまうだろう。

世の中には上下関係はもとより、勝ち負け、優勝劣敗の仕組みが張り巡らされている。野球にもそれに近い要素がふんだんにある。高校野球は真剣勝負の場だが、世の中からす

小倉コーチ、松坂をはじめ、野球を通じて得た最高の仲間たち

ればいわばモラトリアム世界だ。失敗してもまだ本番がある。鉄拳制裁をしないでも鍛え方はいくらでもある。野球をはじめスポーツの場がそうした本来の教育をする最後の砦になってしまったようだ。

「人生の勝利者たれ」

この言葉は栄光に輝いた選手よりも、むしろ、挫折を経験し、失敗からより多くの実りを得た部員のためにある。

第二部　「四冠への道」

・本書は神奈川新聞で平成十三（二〇〇一）年一月一日から四十九回にわたって連載された「白球に魅せられて」に加筆・修正したものです。

第一章　運命の出会い

「戦力外」だった松坂

「松坂大輔」。二〇〇六（平成十八）年、初めて開催されたWBCでMVPに輝くなど、今、この名前を知らない野球ファンはいないであろう。特に高校三年の時、最高の舞台・甲子園で、右腕から繰り出される剛速球に加え、その力強さとは正反対のさわやかな笑顔…。すべての要素を兼ね備えたスターの出現は、野球を知らない老若男女にまでも強烈な印象を与えた。

実力、人気ともに、これだけ素晴らしい選手に巡り合えたことは、私の過去にはなかった。松坂の〝発掘の親〟は小倉清一郎部長であったにせよ、この出会いは運命としか言いようがない。

しかしながら、松坂との初対面の印象は、まったくと言ってよいほど、大物を予感させるようなものではなかった。

多くの高校球児が甲子園を目指して横浜高校へ入学して来る。ちょうど、松坂の代は、三年後の神奈川国体（一九九八［平成十］年）の優勝を狙って選手を強化した時期でもあった。ところが、秋に行われる国体出場の条件として、夏の甲子園ベスト8進出が不可欠であった。

終わってみれば、高校野球史上五度目の春夏甲子園連覇の偉業達成である。もちろんこの時点で神奈川国体出場の権利を獲得、これまた夢であった、国体での優勝を成し遂げることができた。高校野球史上、前人未踏の四冠（神宮大会、春夏甲子園、国体）を達成し、公式戦無傷の四十四連勝を樹立した。この輝かしい結果を見て、高校野球ファンならずとも、松坂の存在価値を認め、高く評価した人たちがどれだけ多く現れたであろうか。

しかし、そのスーパースターも入学当初は、「そんな選手」に成長するとは考えてもみなかった。どちらかと言うとこの時代は、投手陣よりも、野手に優秀な選手が入部してきた。小池正晃外野手（横浜ベイスターズ）、小山良男捕手（中日）、後藤武敏内野手（西武）らはすでに、シニアリーグ時代から大物選手として全国に知れ渡っていた。

当の松坂は、部長から「スピードはあるが、ノーコン、そして肥満体であるから、海のものとも山のものとも分からぬ」ということであったため、まったくと言っていいほど私の記憶に残っていなかった。当然期待の選手であれば、一年生のうちから抜てきし、試合にも登板する機会はあるのだが、松坂は当初戦力にも加わらない選手であった。

松坂一年の夏、横浜は甲子園出場を果たした。後藤はベンチ入りをし、さらに代打で強烈なデビュー。その時松坂は、アルプススタンドで声援を送っていた。松坂、小山は力不足といえども将来への経験のためと思い、甲子園組に帯同させたのであるが、結局ストライクが入らないため、練習での打撃投手も務まらなかった。

ただこの時、球が非常に速く、「ヒョッとしたら」という印象が、脳裏のほんの一部に記憶されていたと思う。

高校卒業後にプロ野球入りして活躍した選手は、高校一年から注目されていた人が多い。本校卒業生の愛甲猛（ロッテ—中日）は、一年から甲子園のマウンドを踏み、実績を残した。またＰＬ学園の桑田真澄投手（巨人）にしても、やはり一年から甲子園で大活躍し、高校野球ファンを魅了した。

三年の時の大活躍、西武ライオンズ入団一年目から、新人選手として数々の記録を塗り替えた松坂を考える時に、だれもが当然、「一年生からすごい投手」と思うだろう。しかし本当に松坂入学時は普通の高校球児と変わりなく、華やかな三年後を想像したものはいない。

高校野球に三十数年間携わり、その将来性を感じた選手は数多い。本校の選手の中にも愛甲をはじめ、永川英植（元ヤクルト）、中田良弘（元阪神）、高橋建（広島）、野手でも鈴木尚典（横浜ベイスターズ）、青木実（元ヤクルト）などは最初から目立っていた。

しかし彼（松坂）の潜在能力は、まったくほかの選手とは違っていた。

輝く原石・松坂　九打者八奪三振の初登板

松坂大輔が入学して早々の六月、二軍戦を行った。相手は厚木東高だが、全員レギュラー選手だった。私の記憶とメモにある限り、松坂の〝初登板〟はこのときだ。

本校の二軍の指揮を採ったのは田中コーチ。その田中コーチからの報告によると、松坂は三イニング投げて、九人に対し八奪三振を記録したという。

入学からこの二軍戦までとにかくボールは速いが、肥満体でコントロールがないという印象だったが、なにか希望がわいてくるような感じがした。

松坂と一緒に入学してきた田中祐介の方が投手としてのあらゆる資質を備えていた。一八〇センチの長身で素晴らしく均整の取れた体に、頭脳明晰。すでに最速一三五キロ近い速球を投げていた。

田中には投手としてある種の期待感を寄せていたので、打者としても非凡な才能を持つ松坂は、強肩の外野手として育てることを小倉部長と真剣に考えたりもした。

いずれにしても、「三イニングで九打者八奪三振」という田中コーチの報告によって、松坂を本格的に鍛えようと決心した。まずは肥満体の克服である。

横浜高野球部の伝統行事として、入部した一年生は夏の大会まで、サブグラウンドで大きい声を出すための発声練習を行う。技術的なことは二の次として、まず「礼儀」と「心構え」を重視し、これからの厳しい試練に耐えられるよう鍛えるのだ。恥ずかしがる生徒もいるが、「やり直し」と田中コーチの罵声が飛ぶ。

そして基礎体力作りだ。金沢区長浜の専用グラウンドは、そうした鍛錬の場として絶好の環境にある。大都会にあってなお一部の自然が残り、八景島、海の公園などが見渡せる。ここでのランニングは精神的・肉体的に不思議な活力を与えてくれるのだ。

一年生の練習は以上のメニューで終わり、全体練習が終了する前に帰宅させる。しかし、松坂だけは、その後も先輩投手の仲間に入り、小倉部長の容赦のないアメリカンノックを浴びた。足腰を強くさせるとともに、余分な脂肪を落とすためだった。松坂は上級生と同じメニューを一つ一つこなしていった。

毎年期待されて入学してくる選手がいるが、その一方で、期待の大きさの故に精神的に崩れるのか、肩などを壊して選手生命を断ってしまう生徒も多い。田中も肩を壊し、大変残念な結果に終わってしまった。

高校生は一番の育ち盛りだ。成長期にいきなり技術を詰め込んでも故障の原因につながりかねない。やはり、基礎体力の育成とマッサージなど身体のケアが重要な要素となる。

松坂は「石ころ」だった。が、この石は磨けば磨くほど光り輝くダイヤモンド以上の原石だった。もし、われわれが松坂の輝きに最初から気づいて期待し、無理な輝きを要求していたら恐らく途中で壊れてしまったに違いない。ゆっくり、じっくりと積み重ねた経験が、大きく光輝く要素になったと信じて疑わない。

多くの逸材が入部してきたと思う。松坂のように接していたならば、より多くの素晴らしい選手を世に送り出せていたのではないか…。反省の日々にくれるときもある。

松坂の同期は実力者ぞろい

松坂大輔の同期は、シニアリーグ全国制覇の中本牧チームから小山良男、小池正晃、常磐良太が、浜松シニアリーグから長距離打者の後藤武敏などと、有望な選手が満ちあふれていた。そうそうたるメンバーの中で当初、松坂の印象は薄く、松坂を中心としたチーム作りというよりも、個々の実力を「一つ」にしていくことに力を注いだ。

往々にして実力のある選手は競争意識が強く、プライドも高い。チームプレーよりも個人技を磨くことに熱中し、自分の将来への布石しか考えない。

言うまでもなく、横浜高は甲子園という険しい最高峰を目指す集団である。個人プレーではなく、高度なチームプレーが要求される。実力選手が集まるということは頼もしいようで、実は不安なリスクも抱えているのだ。

二〇〇〇（平成十二）年のプロ野球覇者・巨人軍の実情と照らし合わせるとよく理解できるはずだ。優勝はできたが、松井、清原、高橋由、そして江藤が個人競争に走っているような時期があり、戦力につながらず、故障が続いたことがある。

松坂の同期生たちは、入学後から横柄な態度が目についた。特に三年生が退いた後、二年生の先輩たちを差し置いて、シニアリーグ時代の実績を鼻にかけ、天狗《てんぐ》となっていた。「監督、あいつらを何とかしてください」と、先輩部員が泣き言を言うこともしばしばだった。横浜高野球部の歴史上初めての珍事ではないかと思う。

「部内の上下関係撤廃」は、私の指導方針の一つであり、長い年月苦労を重ねてきた。

本校はかつて暴力学校のレッテルを張られ不遇の時代が続いた時期がある。野球部も例外ではなく上下関係の鉄拳制裁は日常茶飯事であった。私の真意は、何としてでもその汚名をぬぐいたかったことにある。

そんな努力がやっと実り、不必要な上下関係はなくなりほかの高校と比べても勝るとも劣らない環境が出来上がったと自負している。甲子園という大きな目標に向かうために必要なことは、上下関係の厳しさではなく愛情の連帯だと信じて疑わない。

私の野球は、技術以上に生活面、常識面、精神面で厳しさを要求した。ごう慢な者が独り歩きしないように…。常識のない行動をした者にはいくら実力があっても練習をさせなかった。あるいは試合にも出さない方針だった。

入学当初の松坂への期待は一切なく、同期生たちもそうであったと思う。また、松坂は自分からアピールするような自己主張の強い人間でもなかった。何かをするにも、人の陰に隠れていたように記憶している。

松坂たちが二年生になったあるとき、上級生に対して意地悪をした。私はすでに鉄拳制裁は卒業していたがこの時ばかりは事情が違った。小山、後藤、小池ら張本人を呼びつけ思わず手を上げてしまった。

松坂は、私の怒りが冷めてから「僕もやりました」と名乗り出た。お調子者でもあったのだろうが、状況をうまく判断して、〝危機〟をくぐり抜けた。

そんな横柄な実力者たちが、チーム意識に目覚めたのは二年夏の県大会、準決勝での松坂の暴投によるサヨナラ負けだった。

松坂、頭角を現し、春の関東を制覇

松坂大輔が一年生の秋季県大会だった。準決勝での東海大相模戦に先発させた。横浜高はその年の春の選抜、夏の選手権と連続で全国出場していた。当然、三大会連続を狙っていた。来春のそのためには、まず関東に駒を進めなければならない。

その大事な一戦に、なぜ松坂を先発させたのか？ いまだに思い出せない。当時、松坂にはっきりとした実力があったわけではない。上級生に素晴らしい選手がいるにもかかわらず、その上級生たちにふがいないものを感じていたのではないだろうか。

いやそれ以上に、松坂の魅力を感じ取っていたのかもしれない。まだ形には現れていない松坂の実力に、不思議と引き付けられるものがあった。が、松坂はこの試合、四球が多くて三回の途中で降板させた。

（横浜は先発メンバーに五人の一年生を配し、東海大相模に延長十一回、六対八で惜敗。渡辺監督は試合後、「勝っても負けても一年生の多いこのメンバーで戦いたかった。辛抱して度胸を付けさせないといけない。それだけ期待している」と語った）

松坂がまだ未完成のころの公式戦の内容を思い出してみると、決してすべてが満足のいく結果ではない。しかし、松坂は失敗したことに関しては人一倍悔しがり、その失敗を繰り返さない心構えがあった。

マウンド外では、ごくごく普通の高校生であり、あどけない笑顔が似合う好青年であった。だが、いざマウンドに上ると、人が変わったように勝つことへの執念がみなぎっていた。それは、一度負けたら終わりという高校野球の厳しさを身を持って体験したからだと思う。

松坂が頭角を現しはじめたのは二年の春からである。エースナンバーを背負わせた。特にその将来性を私に強く印象づけたのは、春季関東大会二回戦、連投となった前橋工（群馬）戦だった。それまで歯が立たなかった相手に対し延長十一回を力投、一八九球を投げて四対三で勝利した。

神奈川決戦となった決勝では、県大会で負けた桐蔭学園を相手に十対七で競り勝った。

この試合、松坂はリリーバーとして締めの三イニングを投げたが、無安打できっちりと抑えた。好不調の波が多いものの、大事な試合では確実に進歩していた。

とはいえ、球は速いが相変わらずコントロールが定まらない。試合に登板しても三振か四死球で、安定感などまったくなく、もろ刃の剣だった。

捕手は小山良男。一年の秋からマスクをかぶらせている。だが、その女房役はパスボールが多過ぎた。小山は松坂以外の投手だとうまくいくのだが、松坂との相性が悪いのか？と疑問を感じるほどだった。

小山は入学前からシニアリーグで騒がれた割には不器用で、捕球技術もわれわれの考えている水準には程遠かった。でも、捕手である以上投手のボールぐらい捕球できるはず。ところが、松坂とバッテリーを組むと、パスボールが多くなった…。

実は、松坂のボールは思った以上に速かったのだ。その上、コントロールが定まらないので取れなかったのである。二人の猛烈な特訓が始まる。

松坂、小山がそれぞれ特訓

夢の四冠を達成した松坂大輔と小山良男のバッテリーは、本当に息の合った史上最高のコンビであったのか…。

実は、仲間たちが横浜高を受験する決心をしていた時期、松坂は小山とバッテリーを組みたくない、小山が受験するなら自分は受けないと言っている―という情報が入った。私は、その当時の松坂の力量からして気にもしていなかった。来なければ来ないで仕方無いくらいの存在であったからだ。

二人はシニアリーグ時代に全日本メンバーに選抜され、バッテリーを組んだ経験があった。松坂はその時の小山の態度を見て、相性の悪い選手と映ったらしい。そんな二人がなぜ、公式戦負けなしの四十四連勝、四冠達成の名バッテリーに育っていったのか、私でさえ知りたいくらいである。

小山は他の投手だとうまくいくのに、松坂と組むとよくパスボールをした。なぜ…。松坂が実は一五〇キロ近い快速球を投げていることにわれわれ自身も気づいていなかったのだ。

小山の特訓は、至近距離からの猛ノック。危険が伴うので、まずは手前にネットを張ってノックを始めた。動体視力を養い、そして何よりも恐怖心を取り除くことに全力を挙げた。そのうちネットを外しても取れるように、毎日ノックを続けて繰り返した。

キャッチャーはランナーが出れば、ランナーに目をやる。バッターが打席に立てば、バッターにも集中しなければならない。捕球自体に障害が出るのだ。ただ単純に一五〇キロのマシンのボールが取れるようになったからといって、試合では使えない。生きたボールに加えて、ランナーがいる、強打者がいるなどといった条件が次々と変わってくる中で、瞬時に松坂が投げる剛速球を処理しなければ何にもならないのだ。

一方の松坂。コントロールをただしていくためにいろいろな方法を試みた。わずかに緩いカーブのコントロールに良さがあるのに気づき、早速、スローカーブを多投させた。その成果は驚くほど速く結果として出てきた。

「松！　そうだ、そのフォームで速いボールを投げろ」

もう一つ。ホームベース上にボールを一個置いて、そのボールに当てる練習だ。昔のビー玉遊びを思い出してもらえば分かると思う。毎日十球当たるまでは終わってはならないと約束させ、この二つの方法を忍耐強く継続させた。

意外にも松坂はのみ込みが早く、短期間で急成長した。コントロールも次第に的を射るようになり、おかげで鋭いカーブまで身に付けてしまった。

バッテリーのこの急成長の源は、手痛い敗戦にある。二年夏の神奈川県大会準決勝、松坂のウエストボールが暴投となってサヨナラ負けを喫した。技術面、精神面が未完成のまま味わった痛恨の結果であった。

チーム全体の、特にチームワークの立て直しに迫られた。そのためには、地獄の猛合宿、さらにキャプテンの入れ替えという大手術が必要だった。

サヨナラ負けからの発進

松坂大輔らが二年の夏だった。私の手帳をめくってみる。

「一九九七　七・二七　夏季大会　東海大相模　松坂六回までノーヒット・ノーラン」

続けて、こう書いてあった。

「一九九七　七・二九　夏季大会　Y校　松坂四球多し　敗退」

たった、これだけ。四冠、そして四十四連勝という高校野球史上前代未聞の快進撃が始まるきっかけとなった〝歴史的敗戦〟だ。

（夏の県大会準決勝、横浜商戦。連覇を狙い候補筆頭だった横浜は先攻で、九回表まで二対一とリードしていた。その裏、同点とされた後の一死一、三塁。初球、松坂がスクイズを警戒して外角に外した投球が暴投となりサヨナラ負けを喫した。横浜は十四安打と圧倒的に攻めながら、わずか五安打のY校に敗れ、渡辺監督は「若さが出た」と唇をかんだ）私の手帳には、あの「暴投」は記載されていない。恐らく、ウエストはバッテリー間の高度なプレーであり、暴投さえなければ松坂のピッチングは絶賛に値するという認識が私にあったのだろう。

とはいえ、この敗戦での私のショックと怒りは大きかった。何よりも痛切に感じたことはチームプレーに対して選手らの意識が欠けていたこと、特に主力の二年生の「チームへの愛情」の欠如であった。指導者としてもっとも悩み続けたことだったただけに…。

（圧倒的に攻めながらも）負けた瞬間、私に向けられた味方応援団の罵声は激しかった。「渡辺、お前の責任だ、辞めろ」。一瞬、投げやりになった。もうわれわれが指導する時代ではない、永川で愛甲で全国優勝を二度もさせてもらった、潔く辞めよう、と…。

ところが試合後のベンチで、私の目に松坂の号泣が映った。二年生の主力選手たちがマスコミの目をはばからず泣いていた。悔し涙だ。連続甲子園出場の夢が断たれ、「三年生に申し訳ない」と大声で泣いた。

この状況を見て、私は思いとどまった。もう一度、私の人生をこの二年生たちにかけよう、と。応援団の罵声を思うに、悲壮な決意だった。今から思えば、わずかな時間で自分自身よくやる気を起こしたものだと不思議な気持ちだ。

私の片腕、部長兼コーチの小倉君と二人三脚の熱血指導が始まった。新チームのスタートは、小池正晃を主将に任命し、群馬県利根郡月夜野にある利根商のグラウンドをお借りして、地獄の合宿を行った。

久しぶりに私の檄《げき》も飛び、特に小倉コーチの激しいノックの前に故障者が続出した。一年生の松本勉はその激しさについていてこれず過呼吸で何度も倒れる始末であった。それでもY校戦の屈辱が個々の脳裏に鮮明に焼き付いているのか、みんな不平不満一つ言わずにわれわれについてきた。

このチームで、来年（一九九八年）の地元開催のかながわ国体を目指す。そのためには、九八年夏の甲子園大会に出場し、そこで少なくともベスト8に進出することが絶対的条件となる。負けるチームをつくる訳にはいかない。

私には胸中期するものがあった。かながわ国体を制覇して勇退する、という信念が確固としたものになっていたのである。

第二章　松坂、全国の舞台へ

病院を抜け出して指揮

一九九七（平成九）年、夏の県大会でY校にサヨナラ負けを喫して、松坂大輔らの新チームは群馬県利根郡月夜野町で地獄の合宿を行った。八日間、雨もあろうかと二つのグラウンドを借り切っての合宿は、猛練習もさることながら集団生活、チームプレーの育成、礼儀を重んじ、何よりも春の選抜を目指すことが目標だった。

その成果は、かの地での練習試合で強豪・創価を相手に十対〇の完封劇と、早々に結実した。松坂は六回までに十個の三振を奪った。月夜野キャンプは大成功だった。

秋の大会は順調に進むと思われた。が、すべてうまく運ぶとは限らない…。

秋の地区大会で勝ちはしたものの、ふがいない戦いぶりがあった。そして、九月三日。練習での松坂ら主力の無気力ぶりに、私は激怒してしまった。突然気分が悪くなり、横浜市金沢区内のかかりつけの病院へ直行。入院を余儀なくされた。満を持して秋の県大会に臨むところが、私自身がリタイアしてしまったのだ。

激しい不整脈が三日間も続き、点滴治療が施された。県大会初戦の藤嶺藤沢戦が心配だった。しかし、名コーチの小倉君がいるから大丈夫だ、と自分に言い聞かせて落ち着こうとした。

七日の試合前日、小倉コーチが病院に見舞いに来て直言した。「明日の試合は何としてでも指揮を執ってほしい。おれは監督ではない」——。私は再び胸が苦しくなった。どうするか。

土曜日の午後、主治医はいない。再三悩んだ揚げ句、半ば強引に病院を出てしまった。点滴と病院食で力が入らず、考える余裕すらなかった。

試合は苦しい展開となった。松坂は六回までパーフェクトピッチングで、三対〇とリードしていた。ところが、七回に突然乱れだした。エラーでの走者が三塁に進むと、ホーム突入のカモフラージュに対して、松坂は過敏に反応、まったく必要ないのにウエストし、再び暴投してしまった。

まだまだ分かっていない、ウエストはサインプレーなのに…。これ以上ない憤りもあって、私の体はもう分解寸前だった。それでも、なんとか一点差で勝ち抜いた。その後、東海大相模を撃破し、そして準決勝ではＹ校を七対一と完ぺきに下す。決勝では日大藤沢に対して松坂が十一の三振を奪って完封、九対〇で四年ぶりに県秋季大会を制した。

私は、この史上初の四冠チームが本当に目覚めたのは、県秋季大会初戦の藤嶺藤沢戦だった、と確信する。病院を抜け出して〃死の覚悟〃でベンチに座った監督の意気込み、そしてイニングこそ違うがウエストを勝手に行い、また暴投して瀬戸際まで追い込まれたチーム。負け試合に等しいこの試合で、チームワークの大切さ、「ワン・フォア・オール」を学んだと思う。

この間、キャプテンを小池正晃から小山良男に変えた。チームを率いるリーダーシップを考えた結果、不安を直接小池にぶつけ、私と小倉コーチの独断であっさり決めてしまった。

あの高慢な小山だ。しかし、この個性派集団のリーダーはまじめだけではだめである。小山の強烈な個性が功を奏するか、と期待と不安が入り交じったが、後は運を天に任せた。

松坂の快速球で、秋の関東大会優勝

我が強い小山に果たして伝統ある横浜高のキャプテンが務まるか、個性の強い仲間たちをまとめることが出来るか…。私の心配をよそに、彼は短期間でチームをまとめ上げた。

というより、個性派集団が核融合のように一つに溶け合った現象が起きたのである。

一方で、小池には精神的に腐らないよう細心の注意を払った。「お前は個人能力が非常に高い。チームのことより自分のプレーをさらに高めよ。素晴らしい選手になるはずだ」とアドバイス。彼は納得して小山にキャプテンを譲った。

そして秋の県大会。初戦の藤嶺藤沢戦に苦しんだが、徐々に調子を上げ制覇したのだった。彼らはやっとつかんだと思った。高校野球の一点の重みを、負けたら終わり、言い訳も慰めもきかない勝負の世界を。

続く関東大会に向けた調整のための練習試合（十月二十六日、浜松・興誠高戦）だった。松坂がうちのスピードガンで一四五キロを記録した。プロの一流に匹敵するスピードだ。速いとは分かっていたがこれほどとは…。彼の素質を再認識した。

関東大会は神奈川県で開かれた。翌年のかながわ国体のリハーサルを兼ねた大会でもあった。地元開催で県優勝のわれわれは初戦シードとなり、二回戦の水戸商戦がカギとなった。この試合に勝てばベスト４に進出、春の選抜甲子園大会はほぼ当確となるからだ。

県大会後半から実力を結果に出してきたチームだったが、いつまた崩れるか、名門相手の一戦に正直一抹の不安があった。が、その不安は後藤武敏の特大ホームランで吹き飛んだ。

私のこの日の手帳にはこう記してあった。「全員右打ちで成果を上げた」力のあるバッターが多く、ガンガン引っ張って打つ。私は小倉部長とともに徹底して右打ちを指示した。ランナーを進めるためにジャストミートしてライト方向に流す打法だ。

高校野球では一番理にかなった攻撃法。故田丸監督率いる法政二高の全盛時をほうふつさせ、さらに彼らの能力の高さを知らされた。終わってみると、十一対一の六回コールド勝利。

準決勝は浦和学院戦。夏休みに練習試合で対戦している。その時、松坂は結構打たれていた。そんな不安があったものの、松坂は投打に活躍、被安打一で九対〇の完封勝利（七回コールド）。このころから、松坂は一度負けた相手には二度と負けないという〝リベンジ神話〟を作りはじめたのかもしれない。

松坂は相手が強豪であればあるほど闘志をむき出しにする負けん気の強い投手になっていった。しかし、相手が弱いとなめてかかる癖もどこかに残っていた。

関東大会の決勝は、同じ県勢の日大藤沢と対戦した。県大会では決勝戦で九対〇と圧勝している。気持ちの緩みがあったに違いない。試合前、いつもの緊張感がみられなかった。

甘くみてかかった気配が感じられた。会心の打撃を続けてきた小池のバットも絶不調、サードの斉藤清憲も無気力なプレーで、思うような試合展開にならなかった。苦戦はしたが、二対一で関東を制覇することが出来た。高校野球は精神面や気持ちの持ちようで勝敗が左右される怖さを改めて実感した。強いチームが勝つのでなく、勝ったチームが強いのだ。

関東大会で何よりも大きかったのは松坂の三連投だった。期待した通りの結果を残してくれた。ここに、松坂を中心としたチームが確実に出来上がり始めた。

自信が確信に

やはり彼らは高校生だった。関東大会を制覇した後、選手一人一人に驕《おご》りが見え始めた。続く明治神宮大会までわずか二週間足らずの期間に、平常心を取り戻すことができるか。私は、チームに実力がついてきただけに、練習では精神面での強化を図った。久しぶりの檄に、彼らは奮い立ち、気を引き締めてくれた。

神宮大会は高校の部と大学の部がある。大学の部ではＯＢがたくさん活躍していた。法大には矢野英司（東北楽天）、阿部真宏（オリックス）、関東学院大には池浦聡…。皆集まって高校の部に応援に来てくれた。久しぶりに会う教え子たちに懐かしさを感じながらも、力が入った。

全国で見れば、まだ松坂は無名であった。松坂はすでに最速一四五キロを記録してはいたが、豪速球としては沖縄水産の新垣渚投手（ソフトバンク）が注目を集めていた。当然九州大会を制し、神宮大会でもナンバーワンチームとして話題を独り占めしていた。我々のチームはまだ未完成ではあったが、どこまで沖水と戦えるか試してみたいと思っていた。

一回戦は豊田西（愛知）。実に松坂は十四奪三振、五対一で快勝した。次の日は雨。延期で松坂の肩休めとなった。二回戦は評判の高い国士館（東京）だったが、松坂はここでも十一個の三振を奪った。五対二でいよいよ決勝に進む。

今思えば、松坂はこの頃から全国レベルの相手から二けたの三振を取っていたのだ。関東大会での活躍に目を細めた私だったが、神宮での松坂を見て、さらにその成長ぶりに驚きを隠せなかった。そして、さらにさらに進化するだろうという確信も得たのだった。

いよいよ決勝戦。九七年十一月十九日だった。相手はやはり沖水だ。ベンチにはあの有名な栽弘義監督の姿があった。しかし、ユニホームではなく背広姿…。監督としてではなく部長（責任教師）登録で臨んだのだろう。そして先発も新垣投手ではなかった。

過去に全国制覇二回、私にもプライドがある。ふがいなさを感じ、意地でも負けたくないと思った。二十八歳でセンバツに優勝したときもこんな気持ちであったと思う。眠っていた若きころの熱い血が再び騒ぎはじめたように、私は打倒沖水に燃えた。

注目の新垣投手は最後の二イニングを投げてきた。評判通り球は速かったが、私の気持ちが乗り移ったのか、選手はその球に食らいつき一点を奪った。ベンチは盛り上がり、五対三で神宮大会も制覇した。

松坂が後に西武入りしてイチローと対決し「自信が確信に変わった」という名文句を使ったが、私はこの決勝戦でまったく同様の気持ちを味わった。

松坂はこの試合で、一五〇キロのスピードを記録した。強い者には絶対負けないという彼の真骨頂が発揮された試合でもあった。この試合を見ていたあるスポーツ紙の記者が初めて、「平成の怪物」との表現で松坂を紙面で紹介した。

松坂の名と横浜高の名が全国に流れ、われわれは追われる立場となった。

遊びでチームワークを育成

九七年十一月の明治神宮大会を制覇したわれわれは、翌春の選抜大会出場校発表を待たずに、早くも優勝候補としてマスコミの注目を浴びるようになった。チームにそのプレッシャーが大きく大きくのしかかってきた。私自身、気持ちの中に焦りが見えはじめたのを自覚した。

選抜までに、このチームには何が必要かを考えた。関東、神宮という高いレベルの大会を制し、松坂大輔ら選手一人一人の技術は疑う余地もないほど力強さを増している。現段階で大事なことは「心構え」であり、精神面とチームワークの育成しかない…。

私は「会話」の合宿を思い付いた。松坂らが夏に地獄の思いを味わったあの群馬・月夜野町で、正月返上の四泊五日の合宿を行うことにした。

真冬の月夜野は一面の銀世界であった。チームプレーに一番大切なコミュニケーションと信頼感を得るためにやってきた。正直に言えば、私自身のストレス解消も念頭にあった。

夏にもお世話になった旅館「常生館」のアットホームな雰囲気には、全員心が和んだ。選手同士が打ち解け合うには絶好の環境だった。いくら若い高校生とはいえ、シーズン中の厳しい猛訓練に耐え抜いてきた身体は相当に疲れているはずだ。長時間温泉につかり、和気あいあいと過ごす時間を持った。

近くにはスキー場がたくさんあった。一時期でも野球を忘れさせ、楽しく遊ぶことでチームワークを高めようとスキー教室を行った。足の筋肉を付けるためにもリフトには乗らず、雪の上を歩かせた。

個々に足を踏ん張りながら、慣れない雪山を登っていく。ずるずると後退してしまう者も。当然選手に差が生じてくる。小さいころにスキーを経験している小池正晃、常磐良太たちは別格だったが、松坂はさすがに飲み込みが早く、すぐにこつをつかんでいった。

その一方で、要領の悪いのは後藤武敏だ。スキー場の枠からはみ出して大の字に。仲間からはホームランバッターとして尊敬の念で見られていた後藤のそんな姿は、大爆笑を誘った。

普段の練習中には見せたことのない笑いが起こり、止まらなかった。ばかばかしいかもしれないが、実は一番大切なことだ。確実にチームの中に信頼関係が結ばれていったと思う。

精神的に弱かった部分が洗い流され、遊ぶことで互いの人間性を理解もした。きずなは深まり、目標に向かって共に戦う仲間としての一体感がはぐくまれた。

負けてはならぬ、と必死で突っ走ってきた私の気持ちの中にも余裕のようなものが生まれた。

月夜野の冬の合宿はこうして終わり、予想以上の成果を上げた。

そして一月三十一日、選抜の出場校発表日だった。二十社四十数人というものすごい数の報道陣が学校に詰めかけた。

選抜出場が決定

一九九八（平成十）年一月三十一日、選抜大会の出場校発表日であった。二十社、四十数人の大報道陣が横浜高校に集まった。

県大会、関東大会、明治神宮大会を制覇し、この成績から選抜当確は間違いない、と確信していた。が、人間とは不思議なもの。最終的には自分の目と耳で確かめないと落ち着かない。三十数年間勝負の世界に身を置いていると、自信と不安が常につきまとうのも仕方ないことかもしれない。

午後四時ごろ練習を終え、正面玄関前の校庭で発表を待った。午後四時三十五分、校長室に大会本部から出場決定の知らせが届いた。早速、校庭の選手のもとへ伝え、胴上げで私や小倉清一郎部長が宙に舞った。

過去、何度か経験した場面であったが、今回は特別に熱いものを感じていた。「神奈川を制するものは全国を制す」。一九七三（昭和四十八）年、永川英植投手（故人）を擁し、横浜高が全国制覇して以来、紫紺の大優勝旗は神奈川に戻っていない。どうせなら再び、自分の手で、横浜高の手で奪い返そうと大きな夢が膨らんでいたからだ。

大会前の三月十一日から一週間、平塚でキャンプを張った。その年度のチームが半年間に三度もキャンプを企てたのは異例のこと。それだけ、春、二十五年ぶりの全国制覇への思いは強かったのである。

そのキャンプ中、小倉部長がキャプテンの小山良男を連れて、抽選会で大阪に出向いた。結果、初戦は二回戦から、といっても全国の強豪校、地元報徳学園であった。過去二度、甲子園であいまみえたがいずれも敗退した相手だ。

それどころか、同じブロックには、ＰＬ学園、明徳義塾、東福岡、関東一高と、優勝候補、強豪校がひしめいていた。くじ運がないなぁ…。全国の頂点を目指す私に大きな壁が立ち並んだ。

絶対の自信をもって、準備も万端整えていたが、組み合わせが決まると、また複雑な心境になるものだ。私は心とは裏腹に、選手たちには自信満々の表情で振る舞っていた。

決まった以上、早く試合がしたい、この緊張感がたまらなく不安。早く結果を出したい――。

胸の内で自信と不安が交錯していた。

甲子園に行く前に練習試合を行った。三月十五日、茨城・藤代高校。エースの松坂大輔は六回を投げ、七奪三振、被安打一。十七日、山梨・市川高校。松坂が一安打完封。最速一四六キロで、大黒柱は順調な仕上がりを見せていた。

二十日、県庁と横浜市役所を表敬訪問、神奈川新聞社で恒例のカツ弁当をいただいて、そのまま新横浜から大阪入りした。

二十一日に甲子園練習。このチームには力があるが、この舞台を経験しているのは後藤武敏だけだ。雰囲気を知ってもらうため、グラウンドの環境を把握するための練習に集中した。

選手たちは公開練習の中、次第に気持ちが高揚していくのが手にとるように分かった。そして、現地での猛練習に打ち込む姿、自らの意志で夜中の素振りに励む姿を見て、私は不安よりもむしろ自信を深めていった。

同じ宿舎で食中毒が

第七十回選抜高校野球大会は九八年三月二十五日、兵庫県西宮市の甲子園球場で開幕した。

開会式。横浜高校はここ数年、行進の足並みがそろわず批判を受けていたが、今年は全国制覇を狙うにふさわしい堂々の行進だったと周囲から評価を受けた。

やり残したことは何もない。松坂の調子もさらに上がっていた。後は選手を信頼するだけだ。…と思っていた矢先に、とんでもないことが起こった。

われわれと同宿の山梨県代表・日本航空高校の選手たちが食中毒を起こしたのだ。原因が不明で私の顔は青ざめてしまった。宿泊先の住之江区は、あの「O－157」の大騒動があった堺市とは隣り合わせの地域だ。

何一つ不安なく、パーフェクトに仕上がってきたのに、よりによって食中毒とは…。思い出した。私と同年代の作新学院（栃木）が春夏連覇を成し遂げたときの夏の大会で、食中毒があった。エースの八木沢投手に代わって、加藤投手が投げ、幸いにして連覇を達成したのだが、今の私の頭の中には松坂大輔のほかに投手はいない。松坂以外の投手で全国制覇する計画などみじんもなかった。

夜遅く、大会本部、保健所の方々が宿舎に調査に来た。時計は午前零時を回っていた。横浜高校の選手に体調を崩している者はいないか、全員に聞いて欲しいと要請された。

私は小倉清一郎部長と二人で、すでに熟睡していた各選手の部屋を回った。戦々恐々としながらの確認だった。不幸中の幸い、横浜高の選手の中には食中毒者はいなかった。しかし、同じ宿舎で同じ物を食べているのに、どうしてうちの選手は大丈夫か…。もしかしたら、これから体調の悪い者が出るのではないか…と不安が付きまとった。

その答えが出た。日本航空高校の選手たちは昼食を外で取り、それが原因であった。内心ほっとし、私はやっと気を取り直した。当たり前のことではあるが、あらためて健康管理が一番大切であることを再認識した。その直後のミーティングで、健康面の管理を強く訴えた。

さて、いよいよ試合の日。第一試合であったため、朝早く起床し、甲子園球場へと向かったが、雨のため一日順延となった。

初戦の相手・報徳学園（兵庫）には過去、春、夏にそれぞれ一敗している。相性の悪い相手だけに、何とか早く結果を出したい。私はそんな思いを抱いていたが、記者の皆さんにはこう言った。

「中止の影響は全くない。選手は気持ちの切り替えも早いから、心配していない」

一夜明けた三月二十八日、結果は、その通りになった。

松坂、エンジン全開

一九九八年の選抜大会。三月二十八日、いよいよ初戦（二回戦）の報徳学園（兵庫）戦を迎える。見覚えのあるユニホームの選手たちがさっそうと駆け回っていた。

過去に幾度も甲子園を経験しているが、緊張のあまり本来の力を出しきれずに初戦敗退したことが何度かある。実力があっても甲子園の初戦は独特の雰囲気があり、のまれやすい。

だが、そんな私の不安も何のその、横浜高ナインには緊張感もなく、特に松坂大輔の風格は威風堂々としており大投手の雰囲気を醸し出していた。

試合はわれわれのペースであっという間に終わってしまった。

（松坂は被安打六、八奪三振で完投）

報徳学園
000 000 002＝2
000 110 40×＝6
横浜

私の日記には、「松坂　MAX一五〇キロ、平均一四二・三キロ」とある。最終回、平凡な投—遊—一のダブルプレーで遊撃手小池正晃が一塁に低投し、後藤武敏もその球を取れずに、結局二点を失った（失策はつかずに、松坂の自責点二）。

今までの松坂であるならば「完封できたのに何でエラーなんかするのか」という感情を顔に表していたが、この時は既に以前の松坂ではなかった。笑顔を見せ、小池、後藤に声をかける余裕すら感じた。

冬のキャンプの成果をこの試合に見る事ができ、私は勝利そのものよりチームワークの完成にうれしさを隠さずにはいられなかった。

上々の滑り出しを見せた横浜高は、続く三回戦で村田（横浜ベイスターズ）—大野の黄金バッテリーがいる東福岡高（福岡）と対決した。

村田投手は松坂や沖縄水産高・新垣投手の陰に隠れていたものの実力ある好投手だった。横浜打線がどこまで食いついていけるか…。しかし、不安はなかった。絶対に勝てるという自信があった。うちが村田投手を打ち崩す確率の方が、相手が松坂を捕える確率よりも高かったからだ。

松坂はその期待に見事にこたえた。十三奪三振、わずかに二安打の完封。打線は村田投手を打ちあぐんだが、松坂が自ら先制の左越え二塁打を放った。私は「なんというピッチャーだ。まるで化け物と同じだ」と興奮を抑えることができなかった。

東福岡

000 000 000＝0

000 001 11×＝3

横浜

七回に小池のタイムリー、八回には後藤の左翼中段への豪快なホームランで追加した。得点こそ少なかったが、主力が打ってくれたことで、何よりも優勝に弾みがついた。

四月五日、準々決勝。郡山高（奈良）に四対〇。松坂は連続完封で、エンジン全開。

横浜

010 201 000＝4

000 000 000＝0

郡山

こうして、いよいよPL学園（大阪）との決戦の時を迎えた。

名将を相手に価値ある一勝

四月七日、いよいよ高校野球界の最高峰に君臨しているＰＬ学園（大阪）との対戦を迎えた。

起床後、甲子園入りする度に日課となっている散歩と必勝祈願を、宿泊先の住ノ江阪神ホテル前の住ノ江護国神社ですませた。前日の予定が雨で中止となり、連投の松坂大輔にとっては恵みの雨だった。

準決勝第一試合は午前十一時開始。あの名将・中村順司監督が今大会限りでユニホームを脱ぐということで、ＰＬの選手や応援団はいつも以上に燃えているように見えた。

横浜高にとって、二十五年ぶりの全国制覇のためには避けて通れない相手だ。この機会を逃したら、もう二度と私の時代には紫紺の大優勝旗は戻らないだろう。強い決意のもと、私の気持ちは相手側ベンチの雰囲気以上に高揚していた。ＰＬは春夏十五回以上甲子園に出場しているが、実は横浜高はこれが初対決とは知らなかった。

試合開始、互いに意識しているのか五回までこう着状態が続いた。動いたのは六回裏である。

そこまで松坂は、ＰＬ打線を一安打に抑えていた。われわれも稲田投手に対し三安打しか放つことが出来ず、精彩を欠いていた。投手戦の様相をますます強くしていた。松坂には絶大な信頼を寄せていたが、相手は百戦錬磨の中村監督だ。何が起こるか分からない―そんな思いが脳裏をよぎった瞬間だった。

二死満塁で、PLの四番打者・古畑選手の打球が三塁方向に飛び、レフト線へと抜けていった。ファウルと思ったが、三塁塁審は一瞬の間を置いて、大きく両手を広げた。フェアだ。二、三塁の走者が生還した。

キャプテンの小山良男がすぐにタイムをかけ、松坂、三塁手・斉藤清憲とともに塁審に抗議した。特に、斉藤は目の前の打球であり、ファウルと確信していたようだ。

しかし、判定は覆るはずもない。私はすかさず鳥海健次郎を伝令に送った。「フェアはフェアだ。すぐにポジションに戻れ。まだイニングは残っているぞ」。そしてこう付け加えた。

「意地があるなら、こういう試合こそ勝たねばならない」と。

しかし、選手の動揺は隠せず、特に松坂のいらだちは私にもはっきり分かるほどだった。そのイニングを終え、ベンチ前に集まった選手たちに私は再び檄を飛ばした。いつまでもぐずぐず言うな、本当にファウルだと思うならこの試合に勝ってみろ―。試合で初めて怒鳴るようにはっぱをかけた。

檄が効いたのか、八回表、トップの加藤重之が二塁打。ここでPLは好投の左腕・稲田投手に代えて上重投手をマウンドに送ってきた。左投手を最も嫌っていた横浜打線に、そ
れこそ好きで好きでたまらない右投手が登場した。私は、いけると直感した。

続く松本勉が四球を選び、バントで二、三塁に進めた後、松坂は三ゴロに。だがこれをPL古畑が本塁送球したものの、三走・加藤の背中に当たり二者がかえって同点に追いついた。

九回は横浜の勢いに萎縮したのか、PLの守りに乱れが出て、最後に加藤が外してきた投球に飛び付きながら決勝のスクイズを決めた。

過去六度の甲子園優勝を経験している名将・中村監督率いるPLを下したのだ。私にとっても、選手にとってもこの一勝は大変価値のある一勝だった。

(松坂投手は被安打五、八奪三振で完投)

横浜
000 000 021=3
000 002 000=2
PL学園

日大藤沢は善戦及ばず

試合終了後、PL・中村順司監督が胴上げされていた。この試合限りで勇退される。甲子園五十八勝。春夏各三度優勝と、高校野球の最高峰を極めた中村監督の実績をよく知るスタンドのファンの方々も、敬愛の拍手を送り続けていた。

やがて私にも来るであろうこの瞬間が、中村監督のように甲子園を舞台に去る事ができたら、それこそ本望であろう。その光景をオーバーラップさせながら眺めていた。

夢が覚めたように周辺を見回した。明日の決勝戦で対戦するのはどちらか。準決勝二試合目のチームが既にノックの準備に入ろうとしていた。

そこには、県大会、関東大会で死闘を繰り返した日大藤沢高ナインがいた。そうだ、神奈川からは二校が出場している。選手たちはお互い、甲子園で神奈川決戦をやろうと誓った仲間たちである。

その存在を忘れていた訳ではないが、我々にとって一つ一つどの試合をとっても緊張の連続で、他人のことを考える余裕がなかったのだ。私は日大藤沢・武藤周二監督に声をかけ、グラウンドを後にした。

小倉清一郎部長が残り、日大藤沢—関大一（大阪）戦を偵察した。日大藤沢は横浜とは反対のブロックで優勝候補の一角に挙げられていた。関大一高打線では館山投手（東京ヤクルト）を攻略するのは難しかろうと思われていたのだ。夢の神奈川決戦を信じて疑わなかったのだが…。

しかし、帰りのバスの中で分かったが、先発は館山君ではなかった。試合開始早々一点を取ったものの、すぐに三点を失う展開となり、三対五で日大藤沢は敗れた。

宿舎に戻っていた私は、日大藤沢の吉田―水口―館山のリレーで、三番手の館山君をテレビで拝見していたが、三イニングを素晴らしいピッチングで抑えた。

なぜ、館山君を先発させなかったのだろうか…。帰って来た小倉部長と作戦会議を開き、横浜はエース松坂で決勝戦に臨むことを再確認したのである。

高校野球は、強いチームが勝つのでなく、勝ったチームが強いのだ。私も部長も選手たちも、日大藤沢と関大一高の戦い方を見て、さらにさらに気を引き締め、全員気持ちを一つにした。二十五年ぶりの紫紺の大優勝旗は目前にあった。

（日大藤沢は県秋季大会で横浜に次ぐ準優勝、関東大会では再び横浜と決勝戦を演じて延長十回、一対二で惜敗した。横浜とともに選抜出場が認められたが、県内二校出場は三年ぶり六度目だった。

甲子園では初戦の二回戦で近江（滋賀）を六対三で下し、三回戦の豊田西（愛知）戦は四対二で競り勝って初のベスト8に進出。勢いに乗って準々決勝では高鍋（宮崎）を相手に延長十回、四対三のサヨナラ勝利を収めた。それも五十嵐選手が大会史上十三人目のサヨナラ本塁打を放つという劇的幕切れだった。なお、この試合、エース館山投手は十イニングを投げ抜いた）

選抜優勝〝偉業〟達成へのスタート

四月八日。春の選抜甲子園大会決勝の日は、朝からどんよりとした天候で、いつ雨が降り出してもおかしくない状況だった。

午後零時半、試合は開始された。三塁側に陣取った関大一高（大阪）のスタンドは、水曜日の平日にもかかわらず超満員。地元の名門復活、六十九年ぶりの出場に大いに沸いていた。

関大一の先発は、松坂大輔同様、ここまで一人で投げ抜いてきた好投手、久保（千葉ロッテ）君だ。久保投手は松坂とはひと味違った大人の雰囲気を醸し出していた。

名門復活はこの久保君の右腕一つで成されてきたと言っても過言ではない。より一層の声援が「久保コール」となって甲子園全体に響き渡った。

試合は、横浜高が先制した。二回、一死一、三塁から佐藤勉が先制タイムリー。しかし、一点を先取したものの、なかなか追加点が取れない。消化不良に陥っていた。

やっと七回。柴武志、松坂が連続三塁打するなどして貴重な二点を挙げた。霧雨がグラウンドをぬらす中、勝利を確実にする追加点だった。松坂は粘る関大一打線をわずか四安打許しただけの完封。「平成の怪物」が本当の意味で誕生した瞬間でもあった。

横浜
0 1 0　0 0 0　2 0 0＝3
0 0 0　0 0 0　0 0 0＝0
関大一

（両チーム無失策の好ゲーム。松坂の速球を引っ張れないだろうと計算した横浜が巧みな外野シフトを敷いた。松坂もそれを意識した投球で連打を許さなかった。「腰が張っていて、スピードも切れもなかった」という松坂だが、結局五試合すべてを投げきって三試合完封。横浜はこれで、新チーム結成以来の公式戦全勝記録を「二十」に伸ばした）

ここに一九七三（昭和四十八）年以来、二十五年ぶりの優勝が実現した。と同時に、全国四千余校のチームの〝標的〟となり、追われる立場となった。

振り返れば二十五年前。エース永川英植投手（故人）を擁し、大会史上初のサヨナラホームランを記録した長崎誠中堅手をはじめ、高橋三昌二塁手、上野貴士遊撃手ら、そうそうたるメンバーがそろっていた。が、春夏連覇の夢は断たれた。私には苦い思い出だった。四半世紀前、私自身二十八歳と若かった。今思うと、当時の選手たちには申し訳ない気持ちでいっぱいになる。経験が足りない、野球を知らなさ過ぎた…。

走馬灯のようによみがえり、すぐさま、夏の大会の準備に取りかかった。今度は名コーチの小倉清一郎君がいる。二人三脚でなんとか春夏連覇を成し遂げてみたい。平成の怪物・松坂を中心に今度は出来るであろう。とてつもない大きな夢、史上五校目の偉業達成に向けて動きはじめた。

優勝祝賀会で春夏連覇を誓ったが…

二十五年前に春の甲子園大会で全国優勝してから、「もう一度」と念願していた紫紺の大優勝旗を再び手にすることが出来た喜びはひとしおだった。前年夏のサヨナラ負けの屈辱から出発、新チーム結成以来の目標が達成できたのだ。

選抜大会は雨の影響で計三日間も日程が延びていた。決勝戦が行われた四月八日は、学校では既に新学期が始まっていた。全国高野連は教育面も考え、その日の「帰浜」を指導してきた。熱い思いが詰まった優勝旗を傍らに、すぐに横浜に帰る身支度に迫られた。

昨夏から冬の厳しいトレーニングを共にしながら、ベンチには入れなかった選手たち。今日までの苦労を一瞬でも忘れて、ジュースで乾杯しながら優勝の感激を分かち合いたかった。高校野球も教育の一環という意味では、そのことをぜひ理解して欲しかったが…。

しかし、そんな願いも届かず、我々は甲子園球場のシャワー室で汗を流し、そのまま新大阪の駅へと向かって、横浜へ。

戦いに疲れた選手たちが新横浜駅に着いたのは、夜の九時を過ぎていた。にもかかわらず大勢の人の出迎えを受け、そんな疲れも吹き飛んだ。と同時に優勝の喜びを心から実感することが出来た。

神奈川県にとっても二十五年ぶりの優勝旗だ。県民の皆さんから熱烈な歓迎を受けた。翌日から休むことなく祝賀会、あいさつ回りの目の回るスケジュールが組まれた。

中でも、優勝祝賀会は本校だけのものではなかった。横浜市長はもちろん、監督としての私に大きな影響を与えてくれた元全日本仏教界理事長でＯＢ会会長の白幡憲佑氏、横浜ともだち会会長・藤木幸夫氏、そのほか県・市の関係者、ＯＢ、一般を含めて千人近い人たちが横浜高の祝賀会場に駆けつけてくれた。普段から選手たちを励ましてくれている父母会の笑顔ももちろんあった。

祝いの人々の中に、県高校野球連盟理事長・石川敬先生の姿を見た時には、改めて胸の内が熱くなった。

大会中、監督とは孤独なものである。常に作戦を考え、眠れぬ日が続き、ストレスがたまる。そんな胸の内を、部長やコーチ、ましてや選手たちに見せる訳にはいかない。

そんな時、同宿の石川先生と一杯傾けながら、世間話をしているだけで安心感がじんわりとわき上がってくるものだ。

感無量。会場の熱気は私たちや選手に大きな刺激を与えてくれた。と同時に、夏に向けての激励会と受け止め、小山良男主将を先頭に選手たちも春夏連覇を会場の皆さんに誓った。

優勝報告会など、祝賀の行事は毎日のように続いた。今まで注目を浴びなかった選手にも黄色い声援が飛び、うれしそうにほほ笑む姿を見て、私自身もうれしくなったが、一方で、不安な思いも頭をよぎった。

春夏連覇を目指すことを誓ったとは言え、そこは高校生。選抜優勝で満足してしまってはいないだろうか…。また、招待試合は多くなる、マスコミも注目校として取材に訪れ、紙面をにぎわす。選手もスター気どりで自分を見失ってしまう。女性ファンからの誘惑もあるだろう。

そんな環境の中で、選手としての心構えを失わないだろうか、という心配だった。

第三章　連覇への挑戦

「夏」優勝こそ目標の原点

選抜優勝は果たした。が、新チームを結成したときの原点に戻り、その心構えを思い返してみると、われわれの目標は「春」ではなく、昨年の県大会でサヨナラ負けを喫した屈辱を晴らす「夏」であり、秋の神奈川ゆめ国体である。

ここで満足してしまったら、全国一の激戦区・神奈川の夏の大会を勝ち進むことは出来ない。

私は早速、選手たちを前に本来の目標を明確にするため、こう聞いた。「どうだ、夏も甲子園に行きたいか、春夏連覇に挑戦したいか」

彼らは、「そんなことは当然」と言わんばかりの表情で大きくうなずいた。選手たちもやる気満々だった。目標はしっかりと息づいていた。「選抜優勝で満足してしまうのではないか」という私の心配は杞憂だった。選抜での強豪・報徳学園、ＰＬ学園を倒し頂点に立った自信からか、選手たちの逞しさを感じた。

私の指針はさらにさらに大きな信念へと膨らんでいった。同時に、一九七三（昭和四十八）年、選抜優勝後の苦い経験が脳裏をよぎっていた。

二十代で監督に就任した当時、恐れを知らない私はひたすら全国制覇を部則の一番に掲げていた。「おれについてこい。闘志なき者はグラウンドを去れ」の精神。周囲の雑音に気を取られることなく突っ走っていた私の言動に、選手はもちろんのこと多くの関係者は笑ったものだ。

そんな横浜高が念願の選抜優勝を果たした。私に大きな自信がついたと同時に、今度は「若造のくせに生意気だ」とにらまれた。

選抜初優勝を果たした当時のメンバーは、ある意味では横浜高にとっては最高のメンバーであったような気がする。

永川（ヤクルト、ドラフト一位）―沢木のバッテリー、史上初のサヨナラホームランを放った長崎（リッカー）、キャプテン高橋（同）、上野（平塚学園高監督）、西山（三菱―大洋ホエールズ）、萩原（亜細亜大―日産）などなどプロ野球や社会人の名門チームにスカウトされた豪華メンバーがそろっていた。

当時、昭和の怪物・江川や、定岡、工藤など素晴らしい投手がいた。こうした非常にレベルの高い選抜大会を制したから、横浜高校には春夏連覇の大きな期待が寄せられていた。なにしろ、本校には江川に勝るとも劣らないジャンボ永川がいる。新米監督が春夏連覇など口にしたらそれこそ生意気と思われたに違いない。しかし、私は目標を高い所に掲げた。

ところが、夏の県大会で、つまらないミスで東海大相模に敗れた。連覇の夢はあっさりと断たれた。私の野球知識が豊富にあり、さらに経験を積んでいれば、連覇は無理としても春夏連続出場は大いに可能であったはずだと、後悔し続けた。

その後、夏の甲子園優勝と春のそれとでは価値観が違うと、歴代の夏の優勝監督（田丸氏＝法政二高、原氏＝東海大相模、奇本氏＝桐蔭学園）と比較されながら、陰口をたたかれたものだ。

とりわけ、同年代の奇本監督には、このことをきっかけにライバル意識を燃やした。

松坂に投球禁止を

二十五年前の選抜優勝チームは、好選手がそろっていながら夏の県大会で敗退した。この苦い過去の経験を生かし、二度と繰り返すまいと闘志をかき立てた。

七三年の全国制覇は、臨時コーチはいたものの、すべて私が仕切った。今度は小倉君という私の同級生の名参謀がいる。選手には力がある。私の方針さえ間違えなければ、チームに対する自信はあの時以上にあった。小倉コーチともども、このチームで春夏連覇を逃せば、永遠に達成できないだろうと意気込んだ。

夏の県大会まで三カ月しかない。新たなる厳しい山を登るためには相当の覚悟がいる。私は選手たちに次の言葉を伝えた。

富士山に登る第一歩
三笠山に登る第一歩
同じ一歩でも覚悟が違う
どこまで登るつもりか
目標が
その日その日を支配する

この箴言《しんげん》は、横浜高校の創立者である故黒土四郎先生が、我々の高校生時代に事あるごとに伝えてくれたものであり、大変感銘を受けた。

以来、私はそれを座右の銘とし、野球部の監督として一貫して今日まで選手たちに伝えてきた。

「春の山」を征服しても「夏の山」を征服するためには、その一歩は春の一歩とは全く異なり覚悟が違う。そのことを選手たちに言いたかった。春の頂上を極めたとはいえ、元のスタートラインまで戻らなければ、真の征服者とはいえないのだ。

だが、どうやってわずか三カ月間で、スタート時点まで戻したチームを再びまとめ上げていくか。あまりにも期間は短く、実際は非常に厳しい仕事に思えた。疲れを取るため、練習量を少なくし、招待試合なども極力お断りして、その分集中力で補わせた。

とりわけ大黒柱である松坂大輔を、夏の大会までにベストの状態に持っていかなければならない。選抜五試合を投げ抜いた松坂の疲労を取ることが最優先課題であった。

そこで、五月の春の関東大会まで、松坂にはピッチングを禁止させキャッチボールだけにした。

松坂の練習量は、選抜に向けて鍛えた冬の練習よりかなり減った。しかし、このころの松坂は、一、二年生時代の〝要領の良い〟松坂ではなかった。

人一倍負けず嫌いの彼は、我々以上に春夏連覇に向けて闘志を燃やしていた。だから、練習の量は減っても、基礎体力の強化やランニングは欠かさず、自ら個人練習を積極的に行っていた。

さて、全国一の激戦区である夏の神奈川大会を勝ち抜くためには、松坂一人に頼りきるのは無謀だ。というわけで、この春季大会は松坂以外の投手にとって、願ってもないチャンスとなった。我々も松坂に次ぐ投手育成に全力を注いだ。

四月十八日、早くも春季県大会の試合を迎えた。

春の県大会で一イニング十三得点

夏の本番を目指し、エース松坂大輔の「肩」を休ませた。が、春季県大会では、松坂のバッティングをかって、四番ライトで出場させた。投手は袴塚健次、斉藤弘樹の二年生投手陣が頑張ってくれた。

しかし、松坂も夏に向けてある程度の勘を取り戻しておかなくてはならない。そう思い、四月二十九日の県大会準々決勝、対慶応高戦で、選抜以来二十一日ぶりにマウンドに上らせた。

わずか二イニングだったが、慶応打線は松坂の投球をまともに打てなかった。ピッチングをさせず、キャッチボール程度の日々の中ではまずまずの投球内容といえた。試合は四対〇で勝利した。

続く準決勝、対横浜商戦でも八、九回の二イニングを任せた。ヒットは二本与えたものの、持ち前の天性のフィールディングで併殺打に仕留めるなどランナーの進塁を許さなかった。

試合は加藤重之、常磐良太のホームランが出るなどして、また四対〇で勝ち、決勝へ駒を進めた。

決勝戦の相手は東海大相模。優勝しなくても上位二校が関東大会に出場できるし、既に選抜優勝校として推薦出場も決定している。だから、無理に勝たなくても夏の大会までに一つぐらい負けて、それを糧に選手に檄を飛ばし、より一層の心構えを持たせようと考えた。

松坂は前述したようにピッチングらしいピッチングをしていない。敗戦を覚悟してというより、私の胸の内を明かせば「負けてくれ」の気持ちが強く、あえて十分でない松坂を先発させた。

試合は私の思惑通りに動いた。松坂は強力打線を抑えようとして、案の定、制球を乱し四死球を連発。ヒットも打たれて前半の四回までに八点を失った。

しかし、もともと〝計算〟していた流れだったため、私には何の動揺もなかった。四対八とリードされ、半ば優勝の座を奪われそうになった七回表、いきなり横浜打線が爆発した。

疲れが見えてきた東海大相模の先発・筑川利希也投手の甘い球を連打した。次々と登板してくる東海投手陣をめった打ち。『もう打つな、負けていいんだ』。私の心の中の叫びは、選手に届くはずもなく、なんと一イニングで十三点も奪い、一挙に大逆転してしまった。

結果を見ると十七対八の大量得点で、春季県大会を制覇してしまったのである。私は試合後、つくづくと感じた。

松坂が本調子でなくても、ここぞとばかりに他の選手が打撃でカバーする。まさに、チームの中で一番大切な選手間の信頼関係が強く厚くなってきたことが、優勝したことよりもうれしかった。

そして、二年生投手の袴塚、斉藤も成長してくれた。負けて檄を飛ばすことよりも、大きな収穫を得た春の県大会だった。

▼春季県大会決勝

横浜

0 1 1 0 0 2 13 0 0 0＝17
5 0 0 3 0 0 0 0 0＝8
東海大相模
（松坂は七回を投げ、自己ワーストの八失点＝自責点六。しかし、五回以降は、松坂―吉田―袴塚の継投で強打の東海に安打は許さなかった。一方の横浜打線は七回に十安打を集中させるなど計二十安打し大逆転した）

松坂の力投で春季関東連覇

春季県大会を制覇し、関東大会に進んだ。初戦は埼玉栄高との対戦。一カ月肩を休ませた松坂大輔に、そろそろエンジンをかけさせる時が来た。

この試合、松坂が先発。待ってましたと言わんばかりに三者連続三振からスタートした。終わってみれば三対〇の完封勝ち。三振も十二個奪った。準々決勝では八千代松陰（千葉）を相手に、二年生投手・袴塚健次が力投し、一対〇で辛勝した。

準決勝は坂戸西（埼玉）との対戦で、決勝はその日の午後に行われる。松坂を無理に連投させ肩に負担をかけたら、夏の大会に悪影響が出る。そこで県大会同様、「負けてもよい」

との考えで、成長著しい袴塚にマウンドを託した。

が、やはり関東大会。各県の一、二位チームが相手だ。袴塚は初回からつかまり二点を失った。点の取り合いでシーソーゲームとなったが、またもや私の思惑とは逆に、六対五で辛うじて勝利を得た。

この試合は、チーム四十四連勝の中でも最も厳しいゲームの一つととらえている。結局、私はこのような接戦の試合であってもチーム全体が粘り強い野球をこなせるように成長していることを確認でき、あえて負けて檄を飛ばす必要はないと考えを改めた。

いよいよ決勝戦。選抜甲子園に出場しベスト4まで駒を進めた日大藤沢との対戦となった。昨秋の関東大会決勝以来の対決だ。去る甲子園では、史上初の同県勢決勝戦となる寸前で敗れた日大藤沢。秋季県大会では九対〇と圧勝し、続く関東大会でも延長十回を二対一で退けている。

日大藤沢の選手たちは、三度目の正直というか〝打倒横浜〟のものすごい執念で立ち向かってきた。こちらも選抜優勝校のプライドがある。ここは負けられない。ともに甲子園で活躍した両エース、横浜・松坂と日藤・館山昌平との戦いとなった。

試合は緊迫感みなぎる投手戦。静まる球場に二人の鋭い投球がミットに収まる大きな音だけが響いた。

無得点のまま延長戦に。松坂の肩を心配して「大丈夫か?」と尋ねてみたが、「大丈夫です」との答え。真っ向勝負を戦う真剣なひとみで返してきた。

今思うと、この時の松坂のピッチングが一番良かったかもしれない。球の速さといい、切れといい私自身魅了されるほどだった。

勝負がついたのは延長十三回。表の攻撃で、加藤重之がヒットで出塁し、柴武志のバントで進塁。小池正晃も安打で続き一死一、三塁となった。そして四番に入っていた松坂の打球がセカンドの難しい位置に飛び、この内野ゴロの間に三塁走者が生還して得点。見事、春の関東大会も日藤の挑戦を退け、優勝した。

私は、松坂の投打にわたる勝負強さに「不思議な力」を感じるようになった。と同時に、我々は負け知らずの勢いで、夏の大会を迎えることになった。

▼春季関東大会決勝
横浜(推薦)
000 000 000 000 1=1 (延長十三回)
000 000 000 000 0=0

日大藤沢（推薦）

（松坂、館山の投げ合い。自己最多タイの十三回を投げ抜いた松坂が許した安打はわずかに二、四死球も二。奪三振は空振り十五個を含む十九を数えた。館山も変化球を武器に横浜打線を九安打に抑えたが、三度目も雪辱はならなかった）

神奈川は二校代表に

春の県大会と関東大会を制覇し、前年秋以来無敗のまま夏の神奈川大会を迎えることになった。

選抜で頂点を極め、当然、マスコミや関係者は「強豪横浜」と注目。全国最大の激戦区である神奈川の中でもダントツの優勝候補に挙げられ、春夏連覇への期待も大きく膨らんでいったのである。

一昔前であれば、それはかえって大きなプレッシャーとなり、試合にマイナスの影響を与えたものだが、このチームに限っては微塵《みじん》も感じられなかった。

選抜に優勝すると、夏には良い結果を得られないというジンクスがある。高校野球八十年の長い歴史の中で、春夏連覇を達成した高校はわずかに過去四校しかない。正直なところ、何が何でも達成したいという気持ちが強かった。

春の関東大会の後、夏の県大会までの間、エース松坂大輔はさらに基礎体力の育成を図った。一、二年生の時と同じように小倉コーチがアメリカンノックの雨を降らせ、ダッシュも繰り返した。

しかし、肩だけでなく肉体的に体全体に疲労感が残っていたのか、足首などの違和感を訴えてきた。そこで、ランニング、ノックなどを禁止して極力、足首を使わないトレーニング方法を考えた。自転車やプールでの歩行訓練を行わせ、下半身の強化を図った。特にプールでの鍛練は、水の抵抗を利用して足腰を鍛えるとともに筋肉を柔らかくする相乗効果をもたらし大ヒットであった。

さて、夏の選手権、第八十回大会は記念大会として加盟校の多い大都市部には二校の出場が割り当てられた。当然、二〇〇校以上が参加、全国一の激戦地である神奈川県は二校出場が認められた。

その振り分けは、横浜・川崎地区を東ブロックとし、それ以外を西ブロックとした。

われわれは強豪校がひしめく東神奈川の枠に入る。選抜大会でともに出場した日大藤沢高は西ブロックで分かれたものの、ここ数年敗退してきた〝天敵〟桐蔭学園や前夏の準決勝でサヨナラ負けを喫した横浜商（Y校）は東ブロックだ。

が、大会を前にしてわれわれはライバル校を無視するほどに成長し、絶対的な自信を持っていた。その上、二つのブロックに分かれ、従来の厳しい日程とは違い、比較的投手陣にとっては余裕を感じられるスケジュールとなった。

松坂を全試合に登板させることなく準決勝、決勝に照準を合わせることが出来た。不安は春の大会で進境著しい二年生投手が本番でどこまで通用するか…。

いや、本当の不安を探すとすれば選手一人一人の胸の中にあると考えられた。いわゆる精神面の戦いである。選抜優勝の驕《おご》りはないか、コンディション作りは大丈夫か。そしてチームワークは、選手間の信頼感は…。

礼を失した選手に怒り爆発

七月十一日、土曜日。いよいよ夏の選手権神奈川大会開会式だ。キャプテンの小山良男が選抜の紫紺の大優勝旗を披露した。参加校の選手たち、そして横浜スタジアムのスタンドの観客から熱いまなざしが注がれた。

私も横浜高の選手たちも、この時、夏の深紅の大優勝旗を目指し、再びスタジアムで披露することを夢みた。その夢を現実とすることが出来るか…。

県大会の初戦は一回戦シードのため、開会式から約一週間、間が空いた十八日。神奈川工が相手だったが、緊張感をうまく持続し、袴塚健次、斉藤弘樹、松坂大輔の継投と、後藤武敏の好調なバッティングで六対〇と快調なスタートを切った。

その後も、四回戦の対武相戦で松坂がバックスクリーンを直撃する大ホームランを放つなど、順調に勝ち進んだ。こう言っては失礼だが、まるで大学生と高校生の違いがあるほど、横浜の試合運びには力量感があふれていた。

そして迎えた二十四日の準々決勝・鶴見工戦。この日は朝からの雲行きが怪しく、小雨降る中を我々は保土ケ谷球場へ向かった。途中で雨が激しくなって、大会本部から移動中の私の携帯電話に「中止」の一報が入った。

中止と決まったら明日の試合に備えて練習で調整しなければならない。野球部のバスはすでに横浜横須賀道路に入って保土ケ谷球場に向かっていた。その付近の日産自動車の室内練習場を使えないか。日産自動車野球部監督・村上忠則氏に車中から電話し、借用をお願いした。その場で快諾を得た。

日産の雨天練習場へ直行した我々を、村上監督やコーチの方々が温かく迎え入れてくれた。先方もちょうど都市対抗野球の真っ最中であったが、自分たちの練習を後回しにして便宜を図ってくれた。

早速練習を開始。短い時間で集中して行うよう指示した。柔軟体操、キャッチボール、打撃練習、投球練習…。我々の練習風景を見ていた村上監督からも、技術が高校生離れしていると高い評価をいただいた。あらためて自信を深めた。

そして我々の練習が終わるころ、日産の部員が入ってきた。その時である。日産の方々が先に我々に挨拶した。社会人野球の名門チームで、全国の高校野球名門校や名門大学を経て活躍している選手がほとんど。何といっても先輩である方々に、挨拶で先を越されてしまった。

私は恥ずかしくなった。「なんだ、挨拶もろくすっぽ出来ずに、センバツで優勝して浮かれているのか…」と日産の選手に映ったに違いない。

私はすぐに選手たちを集めて「お世話になっているのだから、村上監督をはじめ選手の皆さんにしっかり挨拶しなさい」としかりつけた。周囲の手前、語気は強くはなかったが、腹の中は煮えくり返っていた。

練習を終え、お礼を言って雨天練習場を後にした。帰りのバスの中だった。我々のために都市対抗大会中にもかかわらず、午前中の練習を空けてくれた日産野球部の厚意に対して、礼儀作法もままならない選手たちに、強く注意した。

怒りが極限状況を超えていたとき、私の注意に対して不満顔をする選手がいた。副キャプテンである小池正晃と松坂が私の目についた。腹の中に溜まっていたマグマが一気に爆発した。

「もう明日の試合には出なくていい。甲子園もあきらめろ」

（日産自動車は三十一日、東京ドームでの決勝戦で二十一安打の猛攻とエース川越英隆投手が十一奪三振の力投で、川崎製鉄千葉を十五対三で破り十四年ぶり二度目の優勝を果たした）

手綱を緩めず、厳しい姿勢

夏の県大会の準々決勝を前に、私は選手たちの傲慢な態度を許せず、怒りを爆発させた。雨で試合が中止順延となり調整のため、午前中の日産自動車練習場に続いて午後には三菱自動車の室内練習場をお借りしていた。

どうやら選手たちの不満げな表情の原因は、午前に続いて午後も練習をすることにあったようだ。少しでもバッティングの量を増やし、安心感を養おうと動いているのに、安易な選手たちの心構えが私には理解できず許せなかった。

この強力チームでは、ここまでくるのに技術面で悩んだ事はあまりない。心構えと精神面、特にチームワークの大切さを事あるごとに説いてきたつもりだ。それがこの始末。私は最後の力を振り絞るつもりで大きな声を張り上げた。「勝手に練習に行ってこい」

県大会に突入し、順調に勝ち進んできたチームに、私は自信を持っていた。一方で、目標に向かってぐいぐい前進し大願成就するには、常に反省材料を伴っていなければならない。多感で時に情緒不安定な高校生の心理を考えれば、褒めたりしかったり、常に一つ一つを見極め慎重にアドバイスしていく必要がある。

今回の件は「不幸中の幸い」であると考えた。準々、準決、決勝を前にして、選手を手厳しく扱う機会を得たことに、私は満足感さえ感じた。

事実、午後の練習に参加しなかった私の態度を見て、松坂大輔、小池正晃をはじめ三年生全員が事の重大性に気づいた。練習後に高校の私の部屋に来て、平身低頭、心の底から謝ってきた。よし。私は「あと三試合だ。気を緩めるな。春夏連覇を成し遂げよう」と檄を飛ばした。

さて、効果抜群とでも言おうか。順延となっていた準々の鶴見工戦では、後藤武敏、常盤良太がホームランを放つなどして発憤。投手も一、二年生コンビが頑張り、十二対〇の七回コールドで快勝した。

続く準決勝では薬が効き過ぎたのか強敵、かつライバル校でもある横浜商大を相手に打線が猛爆発した。

後藤が満塁、常盤がソロ、そして松坂までが横浜スタジアムの左翼席上段へ、プロ顔負けの特大本塁打を放って実に二十五点を奪った。

投げても松坂が好投し、ＭＡＸ一五〇キロを出すストレートで完封。あまり表情に出さない私も、その素晴らしい試合経過にうれしさを隠しきれず、小倉部長とともに喜んでしまうありさまだった。常に手綱を緩めることなく厳しい姿勢を貫いてきたつもりであったが、自分の愚かさに恥ずかしい思いもした。

試合の途中、一瞬、明日の決勝戦を考え、松坂を交代し休ませよう、軽いねんざで思いきり走り抜けない捕手の小山も代えようかと考えた。しかし、商大も一生懸命戦っている。横浜スタジアムを満員にした高校野球ファンも声援を送ってくれている。精いっぱい戦うことが高校野球の精神だろうと思い直し、最後までベストメンバーで戦った。

ありがたいことに長年、県高校野球連盟で私と仕事を共にしている商大の牛上義明部長から試合後、「ナベさん、最後まで手を抜かずに全力で戦ってくれてありがとう」との言葉をもらった。相手を思いやるその気持ちが何よりも大切であることを牛上先生から学んだ。

向かうところ敵なし

向かうところ敵なし―。監督の私を含めて「敵は我にあり」の感を強くした。ややもすればすべての責任を選手に押しつけがちだが、準決勝は、一番大切なのは指導者の心構えであることを再確認した試合でもあった。

さあ、いよいよ決勝。負けるとすれば油断のみである。たとえ大差がつこうと一つの試合を最後まで気を抜かずに戦う精神力を、準決勝の横浜商大戦を通じて選手も勉強したはず。そうだ。商大を含めて、横浜高校と戦って敗れていったチームの分まで頑張らなければ…。選手もその気持ちを胸に刻み込んだようだ。

夏の大会決勝といえば、横浜スタジアムが満員となり、大歓声が球場内に響き渡る。わがチームも過去、この独特の雰囲気にのまれ、本来の力を出しきれずに甲子園行きの切符を逃したことが幾度かある。大差でここまで勝ち抜いてきた彼らに、この緊迫した雰囲気でも自分自身の実力を発揮することができるかどうか。

全国屈指の激戦地・神奈川。記念大会として東西二校出場となったものの、前年から最大のライバルとなった日大藤沢は西ブロックにあって、私の教え子・上野貴士君率いる平塚学園に準決勝で敗退。これまた長年のライバル校の東海大相模も決勝で、平塚学園に撃破された。

横浜高校の東ブロックでは最大の強敵でもある桐蔭学園が、これまた名門の横浜商、武相らと敗退していた。そんな状況の中で、勝ち進んできた決勝戦の相手が新進・桐光学園だった。

失礼ながら力の差は歴然としており、すでに目の前の敵ではなく春夏連覇のことに思いを寄せる余裕すらあった。

余談だが、この桐光学園が二〇〇一（平成十三）年のセンバツ大会に初出場を果たすのである。私が二十代で甲子園初出場し初優勝したときのことを思い出してしまった。さて決勝の結果、桐光学園という新しいライバルを作ってしまうことになった…。

決勝戦。球場の異様な雰囲気という私の唯一の不安を、松坂大輔が二回裏、先制ソロホーマーで吹き飛ばした。これを皮切りに打線が爆発した。

松坂は三回、安打と死球、内野安打で満塁とされた後、押し出しの四球で今大会初の失点を記録した。松坂の実力は桐光打線より一枚も二枚も上であり、反省点が残る。しかし、六つの四死球と本調子ではなかったものの九つの三振を奪った。試合は十九安打を放って十四対三の快勝で、二年ぶり八度目の甲子園切符を手にした。

▼一九九八年東神奈川大会決勝

桐光学園

0 0 1 0 0 1 1 0 0＝3

0 4 0 1 3 1 1 4×＝14

横浜

過去、常に決勝は苦しい戦いの印象が強いが、今回は余裕すら感じた。目標をより高く掲げたことが大きな要因だろう。

昨年の夏、このスタジアムで暴投サヨナラ負けを喫してから一年。悔しさを実力で晴らした。優勝旗を先頭にグラウンドを一周する選手の顔には自信と力強さがみなぎっていた。昨年の三年生に恩返しした満足感もあふれていた。

春のセンバツ大会では、必ず夏に戻ってくるといって、甲子園グラウンドの土を持ち帰らなかった面々の強い意志が目標を確実にしたのである。

くじ運。熱きドラマの始まり

八月四日、いよいよ夏の全国選手権の組み合わせ抽選会だ。不安の色を隠しきれないのは私だけか…。春夏連覇という、とてつもなく高い目標を達成するために、一番気になるのは対戦相手である。

私の記憶では、横浜高校のくじ運は決して良い方だとはいえない。むしろ悪い方である。私は甲子園に出場する度に、試合の朝、選手全員と宿舎の前にある住之江護国神社で必勝祈願をする。この日の朝は皆がまだ熟睡している中、ひそかに一人で神頼みに行った。そうして、自分勝手に有利な組み合わせを考えながら、選手とともに抽選会場へと向かった。

「人事を尽くして天命を待つ」という言葉がある。しかし、いくら高校野球といっても、厳しい勝負の世界の中に三十数年も身を置いていると、知らず知らずに神経質になってしまうのか—。とにかく気持ちが落ち着かない。

絶対的な自信とぐらつく不安が表裏一体となって、自分像が出来上がってしまっている。

その姿を鏡に映してみると、自分自身がこっけいに見えて仕方無いときさえある。しかし、選手には私の内面を察知される訳にはいかない。選手と行動を共にしている時だけでも泰然自若とし、「さすが経験豊富な監督だ」と思われたい。

抽選会場に向かう地下鉄の車中。選手たちには私が心配する緊張感は微塵も感じられず、「どうせならＰＬとまた当たりたいな」など屈託のない話に花が咲き、大きな笑い声さえ車内に響き渡った。

なんと頼もしい選手らであろうか。感嘆しながら、キャプテンの小山良男に話しかけた。「おい小山、ひょっとしたら選手宣誓が当たるような気がするんだがなあ」。小山は笑みを浮かべるだけで、淡々としていた。

会場である朝日新聞フェスティバルホールに着いた途端、松坂大輔にマスコミの取材攻勢が始まった。やたらかまわずカメラのフラッシュがたかれる。

やがて抽選が始まった。記念大会だったため、神奈川のように複数代表の都道府県は、三回戦まで直接対決しないようにくじが引かれていく。いよいよわれわれの順番が回ってきた。小山が壇上でくじを引いた。一瞬会場が静まり返った。

横浜は春の選抜優勝校であり、今大会も史上五校目の春夏連覇がかかるＶ候補筆頭に挙げられている。会場内の高校球児はもちろん、マスコミなど関係者全員の目が注がれた。

小山が封を開け、その番号を読み上げた。どっと場内がどよめく。何と春の選抜同様、二回戦で好投手杉内俊哉君を擁する鹿児島実業と対戦する事になった。予想以上に厳しい戦いになるぞ…。どう攻略すればよいか。私の頭の中で戦略案が渦巻いた。

さて抽選が終わった会場では選手宣誓が決められようとしていた。八十回記念大会とあって、主催者側の趣向か牧野直隆会長が宣誓くじを引いた。組み合わせ抽選と同様会場が静まり返る。司会者が読み上げた。「宣誓は横浜高校」—。

再び大きくどよめく会場の一角で、私の全身は次第に震え出した。私の予言が当たったのだ。小山に目を向けると、含み笑いをしていた。照れながらインタビューに答える小山は、私とは違って堂々としていた。

まさかこれが、全国の感動を呼ぶドラマの始まりだとは、知る由もなかった。

小山の選手宣誓

キャプテン小山良男に選手宣誓の当たりくじを予言したものの、宿舎に帰ってから、宣誓文をどうするかで頭がいっぱいになった。

幸いなことに、私は神奈川県高野連の副理事長としてここ数年、県大会開会式で宣誓の指導を行ってきた。そんなことを考えながら少し気分を楽にして、早速選手とともに宣誓文作りに取りかかった。

最初に、私から小山や他の主力選手にこうアドバイスした。「今大会は八十回という大きな節目の大会である。なんとか心に残る記念の宣誓にしよう」

まずは、先輩球児に敬意を表すること。阪神大震災から復旧に励む被災者の方々を勇気づけること。そして、われわれ選手はもちろん、日本中の仲間が二十一世紀に向かってたくましく自立できるよう願いを込めよう…。こうして次の宣誓文を練り上げた。

「われわれは、全国高等学校野球選手権八十回の歴史の中で、先輩高校球児が数々のドラマを演じてきたこの甲子園で、二十一世紀に向けて多くの人びとに生きる勇気と希望を与えることとの出来るように全力でプレーすることを誓います」

私、というか横浜高野球部は歴史の節目の大会に強い。四十五回センバツ大会優勝、六十回大会は新装なった人工芝球場の横浜スタジアムでの県大会決勝を制して甲子園に出場、全国制覇の六十二回夏の大会は一九八〇（昭和五十五）年であったし、第一回ＡＡＡ大会にも優勝している。特にごろのいい数字の大会には強い。

そして甲子園は、優勝するか一、二回戦で敗退するかはっきりしている。そんなジンクスが私の脳裏によみがえってきた。この大会でも何かが起きる。ひょっとすると本当に春夏連覇が出来るかもしれない。小山の選手宣誓のくじ運が大きなパワーをふき込んでくれる気がする。再び身体がぞくぞくしてきた。

開会式前日の八月五日、甲子園でリハーサルが行われた。小山の宣誓に注目が集まったが、前代未聞、たったの一度で練習を終えることができた。引率した小倉清一郎部長からうれしい報告を受け、これまた優勝への予感を大きくすることになった。

当日の神奈川新聞記事は宣誓文について「八十回の歴史、先輩高校球児、二十一世紀へ向けて、の三つのキーワード」を紹介し、宣誓練習する小山の「一発でＯＫ」の自然体ぶりを報道していた。

こうして、いよいよ八月六日、開会式当日を迎えた。晴天。ジャニーズJrが登場した。球場内は熱狂的な若い女性ファンも大勢駆けつけて一種独特の雰囲気に覆い尽くされていた。

プロ・アマ関係に非常に厳しい姿勢を取り続けている高校野球連盟も、ついに大きな垣根を取り払ったのかと思われる程の〝粋な計らい〟であった。

（開会式は過去三年間平均で二万人台だったが、この八十回記念大会は一気に入場者数五万人となった。人気タレントが出演することもあってか徹夜組を含めて開門前に三五〇〇人のファンが殺到した）

初戦快勝でも課題が山積

九八年夏の全国選手権が開幕した。八月六日、晴れ。開会式は、ジャニーズJrの演奏で最高に盛り上がり、記念大会にふさわしい雰囲気に包まれた。

いよいよ選手入場。センバツで横浜高と激戦を交わしたＰＬ学園、春は早々に敗退したが一五〇キロの剛速球が健在の新垣渚投手を擁する沖縄水産、これまた二回戦で対戦する予定の優勝候補・鹿児島実業など全国注目の強豪校、伝統校が次から次へとグラウンドに姿を現してきた。

その中に史上五校目の春夏連覇を狙うわが校のナインがいる。大きな壁にぶつかりながらもその重圧に耐え、多くの修羅場をくぐり抜けてきた面々だ。実にここまで公式戦無敗。経験豊富な実績を胸に、キャプテンの小山良男をはじめ、松坂大輔、小池正晃、後藤武敏ら横浜高の勇姿が見えた。創部以来の最強軍団がひと味違った大人のムードを醸し出し、それこそ優勝候補にふさわしい堂々の行進だった。

今回の開会式はまた、別の感慨深い出来事もあった。私の教え子で、仲人も務めた上野貴士君率いる平塚学園が西神奈川代表として入場してきたのである。

平塚学園ではゼロからの出発。就任当初、いろいろな壁にぶち当たり、涙を流しながら幾度となく「辞めたい」と相談に来た彼が、五年目でつかんだ栄光…。西神奈川大会優勝の瞬間も私の胸の中で男泣きした。

二十五年前の私の最初の甲子園出場のころを思い出し、スタンドで同席していた彼の顔をのぞき込むと、うそのように晴れ晴れした表情でナインを見つめていた。私もわがことのようにうれしかった。

さあ、小山キャプテンによる宣誓だ。「二十一世紀に向けて、多くの人々に生きる勇気と感動を…」。静まり返った球場全体に張りのある声が響き渡った。終わった瞬間、ものすごい拍手が沸いた。この宣誓にだれもが感銘を受けたようだ。

一回戦、八月十一日、第二試合。

春夏連覇に向けての最初の相手は九州・大分代表の柳ケ浦。過去の経験として相手がどこであれ、初戦は非常に緊張するものだ。しかし、このチームは私の心配をものともせず平然としている。とはいえ、試合内容は満足のいくものではなかった。

前半、相手投手の緩いカーブにほんろうされ、七回まで二得点。守っても三回、二塁手松本勉の送球を一塁の後藤がエラーして一点を失う。ようやく八回になって打線が爆発。松坂、小山の連続タイムリーなど六安打を集中して一気に四点を奪った。

松坂の投球自体、被安打三、自責点〇ではあったが、六つの四球を出して今後に少し不安を残す内容だった。

▽一回戦

柳ケ浦
001 000 000＝1
010 010 04×＝6
横浜

（松坂は「納得いかない。六十点の出来です」と振り返り、九奪三振でも笑顔さえ浮かべなかった。渡辺監督の試合後のコメントは「こんなに苦労するとは。これが（連覇の）プレッシャーでしょう」）

杉内投手の攻略

二回戦は準完全試合を達成した杉内俊哉君（ソフトバンク）を擁する鹿児島実業との対戦である。幸いなことに、試合まで四日間あったので、どう攻略すればよいのかじっくりと考える事ができた。早速、鹿児島大会決勝と、ノーヒットノーランを演じた一回戦のゲームを録画したビデオで研究した。

選手は淡々として見ていたが、私と小倉清一郎部長は杉内攻略は至難の業であると頭を悩ませた。鋭く消えるようにして落ちてくるカーブは、昔でいうところのドロップだ。今どき、こんな変化球を投げる投手がいるのかと感嘆してしまった。やはり春の選抜大会とはひと味違うなと思うと同時に、私の全身に熱きものが電流のように走った。

春夏連覇達成にはこのような素晴らしい投手との対戦を避けては通れないことを実感し、「打倒杉内」に燃えた。もしこの試合をものにしても、選抜の決勝で争った関大一、死闘を繰り返したＰＬ学園、最速一五〇キロの快速球・新垣渚投手を持つ沖縄水産、名門・強豪校の智弁和歌山、帝京、常総学院…などなど難攻不落のチームと対戦していかなければならない。頭の中が錯乱してきそうである。

杉内君の一回戦の試合は、横浜高校が柳ケ浦と戦った直後であった。対八戸工大一戦で、小倉部長がそのまま残ってつぶさに偵察した。そのデータを基に、私と部長を囲んで選手たちとの一回目の具体的な対策に取りかかった。

世間では、選抜大会で優勝した横浜打線であってもそう簡単には打てないだろう、と注目していた。しかし、私は二度続けてノーヒットノーランをやり遂げる確率は小さいと思っていた。

ちょうどそのとき、小倉部長が「甲子園で二度ノーヒットノーランを達成した投手はいないはずだ」とつぶやいた。よし、選手たちをまず安心させようと伝えたが、選手たちは自信があるのか敏感に反応を示さなかった。

さらにこう付け加えた。「杉内君のボールは確かに打ちにくいだろうが、うちの松坂のボールこそ相手は絶対に打てない。味方のエラーさえなければ、取られてもせいぜい一点である」。とまず、精神的な不安を取り除こうとした。

そしていよいよ、技術的な対策に移った。左腕・杉内君のカーブは落差があるもののボールの速さは緩い。緩くて大きなカーブは捕手が取りにくく、次の動作に移りにくい。盗塁のチャンスがぐっと増える。特に、一塁より二塁走者の方が次の塁を盗めると思った。

また、ランナーが出て、特にスコアリングポジションの二塁に進めば、この得意とする大きなカーブを投げてくるに違いないと思った。加えて、彼はピッチングに自信を持っているので厳しいけん制球は投げてこず、打者に集中してくるだろうと予測し、そこに狙いを定めた。

（なにしろ、杉内君は甲子園の試合ではランナーを一人しか出していないので、予測するしかない…）

そこで、ノーサインで積極的に走らせることを決めた。走者が出ればバントで二塁に進める。後は自由に走らせ、カーブだったら打つな、ストレートであれば打て。それは自動的にヒットエンドランになるという作戦であった。

鹿児島実業を撃破

二回戦、鹿児島実業の好投手・杉内俊哉君を攻略する作戦は決まった。

しかし、練習で杉内君のような大きなカーブを投げられるバッティング投手がいない。不安の中、思い付いたのがゴルフ…。ボールを地面に置いて、ゴルフボールのイメージでそれを打たせた。バットを下に立てることを考え抜いてのことだった。そうでなければ、縦に落ちるカーブはバットに当たらない。

さらに、ティーバッティングを工夫した。ボールを打者の頭の上より一メートルくらい高く投げさせて、落ちてきたところを地面すれすれでセンターネットに打ち返す練習を繰り返させた。創意工夫の練習方法だった。

八月十六日、鹿児島実業との対戦。その前の試合、宇部商（山口）対豊田大谷（東愛知）は延長戦に突入した。待つ辛さ。延長十五回に入ったところで待機している三塁側から全員が試合をのぞきはじめ、いらいらがはっきりしてきた。私も例外ではなかった。

そうした状況の中、宇部商の藤田投手が投球動作に入ろうとした瞬間、主審がボークの宣告。あっけなくサヨナラ負けを喫した。藤田投手は私たちがベンチ前に来ても、報道陣の前で放心状態のまま涙を流し続けていた。どうしてボークなのか、私たちも分からなかった。試合開始時間は大幅に遅れた。が、緊張感が緩んできていた横浜高選手たちは〝その一瞬〟を見て一球の大切さを感じ取ったのだろう、全員が目の色を変えてノックに散っていった。

プレーがスタートした一回裏、一死から加藤が左前に安打。だが、三番後藤、四番松坂と連続三振に倒れ、「全然ビデオと違う。こんなんじゃ、打てっこねえよ」とベンチに戻ってきた。五回までわずか三安打でなす術もなかった。しかし、松坂もナンバー1にふさわしく、五回まで被安打二と杉内君を上回る内容で、互角の戦いとなった。

六回裏、思いがけないチャンスがおとずれた。チーム一の俊足、小池正晃が無死から四球で出塁したのだ。私の頭の中で、四日間ミーティングを重ねた杉内攻略法が鮮明に浮かんだ。この機を逃したら二度とチャンスは来ないかもしれない。「まず一点だ。一点取れれば、ボーンヘッドさえなければ絶対に勝てる」――。

二番加藤重之にバントを命じ、二塁に進んだ小池は入念に打ち合わせていたとおり三盗を試みた。思惑通り、相手バッテリーはけん制もなくカーブを投げてきた。小池は楽々セーフ。

さあ、一死三塁。後は監督である私の決断力だけだ。バッターボックスには既に後藤が入っている。一点だ、一点だ、私は心の中で念じた。しかし一打席目の後藤は三振。しかも「打てっこねえよ」の彼の言葉が耳に残っていた。

一瞬スクイズが浮かんだ。が、こう考えた。いくら杉内君でも低めへのカーブはパスボールの危険性があり投げてこないだろう。ゴルフ打ちも練習した。ここは後藤を信頼しよう。「ストライクゾーンを上げて打て」のシグナルを送った。

センターへ犠牲フライ。彼は見事に期待にこたえてくれた。作戦成功。苦しい状況の中で一点先取だ。思わず小倉部長と握手。一気に士気が高揚していった。

案の定、好投手杉内君は動揺を隠せなくなり、八回再びチャンスがきた。八番からの下位打線が好機を築き、小池、加藤、後藤と畳み掛けた上、松坂の左翼席へのツーラン本塁打で締めくくって一挙五点を奪い試合を決定的にした。

投げては松坂がライバル心をむき出しにして、マックス一五一キロを超える快投。終わってみれば六対〇の完封勝利。大きな壁を乗り越えたわれわれと選手の間にさらに大きな信頼感が生まれた。

▽二回戦

鹿児島実	000	000	000	=	0
横浜	000	001	05×	=	6

有頂天の選手に〝喝〟を

二回戦で、準完全投手の鹿児島実業・杉内君を攻略した。翌日の朝食の席上、選手たちの表情と会話は自信に満ちていた。ただ、私の頭の中では心配の種が二つ芽生えた。

各スポーツ紙に目を通すと松坂大輔をベタぼめ。かつ横浜高校の戦いぶりも称賛していた。選手全員が有頂天で、思い上がっているように感じられたのだ。また、余りにも松坂の扱いが大きいので選手の中で孤立するのではないかとも。

三回戦は、巨人軍のスーパースター松井秀喜選手を輩出した北陸の名門・星稜（石川）とのゲーム。完ぺきな試合の後はどこか気が緩み、ミスが出ることが多い。そんなことを考え、試合前日、南港球場での練習は人工芝でもあり、けがに十分注意して充実した内容で終わりたかった。

いつもと変わりなく練習はスタートした。アップが終わって、私は松坂のピッチングを指導するためにブルペンへ。グラウンドでは小倉コーチがノックを開始していた。

翌日の試合を控え、松坂の投球練習は三十球程度だったが、相変わらずストレートに伸びがあり、スライダーの切れも抜群だった。私は満足感にひたりながらグラウンドへ出た。そこへ、小倉コーチが駆け寄ってきた。「監督、選手が無気力でおれの檄にこたえようとしない。こんな状態では明日の試合に勝てるわけがない。厳しくしかりつけてくれよ」とすごいけんまく。私も選手におごりはないかなど不安を抱えていたが、何しろブルペンからきたばかり。

しばらく見ていた。ウーン、こんなひどい練習はない。だれでも怒ると思った。報道関係者が大勢見守っていたので抵抗も感じたが、一向に練習態度を改めない選手の姿に、ついに〝キレ〟てしまった。

「おーい集まれ」。そしてこう怒鳴った。「練習を止める。明日の試合など勝てなくてもいい。すぐ道具を片づけてバスに乗れ」——。練習開始から一時間もしないうちの出来事だった。

小倉コーチも、私がここまでやるとは思っていなかったらしい。選手たちは事の重大さに気づいておろおろするばかり。報道陣も驚きを隠さなかった。

星稜の投手はサイドスローでカーブを得意とし、横浜が最も苦手とするタイプ。小倉コーチも「バッティングぐらいはやらないとまずいよ」と忠告したが、私の決心は変わらなかった。夕食も選手と一緒にとらず、夜の素振り、ミーティングにも立ち会わなかった。

私は怒り狂っていた。が、その夜は朝まで一睡も出来なかった。何しろサイドスロー対策の打撃練習をやっていないのだから。小倉コーチの用意してくれたデータだけが頼りで、こんなことは甲子園では初めて。ただ、選手の前では毅然とした態度を取り続けた。

三回戦のその日、バスに乗り込み球場へと向かった。胸中揺れる私に、鳥海健次郎マネジャーが明かした。「昨日の監督の雷、相当効いています。皆、監督には内緒で近くのバッティングセンターに行って、夜遅くまで練習しました。小池、後藤などは深夜まで素振りをしていました」

このことを聞いて、一安心。ほっとしたのか戦いの前になって、猛烈な睡魔が襲ってきたほどだった。

▽三回戦

星稜

000 000 000＝0

102 020 00×＝5

横浜

星稜戦で、私の手帳に次のようなメモが残っている。「松坂、緩急のピッチングさえわたる」「小池、初回のソロホーマー、守っても背面キャッチの大ファインプレー」

高校野球は技術だけではない、精神面がいかに大事であるかを再認識した出来事だった。こうして、ＰＬ学園戦を迎えるのである。

第四章　激闘！ＰＬ戦

ＰＬ戦の前夜

二回戦で鹿児島実（鹿児島）を、三回戦では星稜（石川）を撃破し、いよいよＰＬ学園（大阪）との戦いである。私は夏のＰＬを倒してこそ真の日本一になれると信じていた。ＰＬは長い間、高校野球の最高峰に君臨し、巨人軍の桑田、清原をはじめプロ野球のどの球団をみても同高出身の選手たちが輝いている。

その上、春のセンバツと違って、夏は各地方大会で一度も敗れていないチームが結集して覇権を争う選手権大会である。この春は辛うじてＰＬに勝利を得たが、夏はそう簡単には勝たせてくれないだろう。厳しい戦いを予想した。

しかし、何が何でも勝ちたい。私自身の長年の夢がかなうか。もちろん選手たちの気持ちも同じであろう。ただ少し残念なのは優勝監督として史上最多六回を誇る名将・中村順司氏が春の大会で勇退し、この場にいないことであった。

いろいろな雑念が頭の中を去来していくうちに午前六時、既に甲子園球場に到着していた。

準々決勝。八月二十日の第一試合は午前八時半試合開始であった。

一昔、いや私が監督としてデビューしたころの甲子園の第一試合、つまり午前八時半開始に対しては五時間前の起床が必要とされていた。医学的見地からもその時代の常識から考えても、選手の身体が眠りから完全に覚めるには「五時間」が必要だった。

この試合時間に遭遇したチームはどこも対策に頭を痛めた。が、結局は医学を信じて五時間前に起床していたチームがほとんどであった。あるチームはそうした状況の中でさらに熱いお湯や冷水を体にかけて刺激させ、目覚めさせていた。

私もこの日、五時間前に起こして水を浴びさせようと思ったが…。人間の身体は長い年月をかければその環境に適応する。だが、今大会の組み合わせを見て、三回戦の翌日が準々決勝であり、わずか一日の短期間で簡単に順応するものではないと考えた。

いろいろ悩んだあげく、小倉部長のアドバイスもあって「三時間三十分前」の五時起床を決断した。都会の高校生は夜型が多く、横浜高校のナインも早朝起床は苦手だ。この決断は選手たちに大好評であった。

前夜、選手の気持ちは大いに高揚していた。特に人一倍朝に弱いタイプの松坂大輔、後藤武敏の二人の顔は甲子園に到着したころ、やる気満々、精かんな表情をしていた。

いよいよプレーボールである。

（ＰＬ学園は三回戦で佐賀学園を五対一で下して準々決勝に進出。春の選抜では準決勝で横浜に逆転負けを喫していることから「打倒横浜」を合言葉に夏の〝決戦〟に臨んでいた。横浜も春は相手を完全に倒したとは感じておらず、特に松坂は「借りを返す」という言葉で燃えていた）

球種読まれて波乱の序盤

野球がサッカーの人気に押され、ここ数年、陰りが見えはじめたといわれる。そうした中で、これほど高校野球、というだけでなく野球ファンに衝撃を与えた試合はほかにないだろう。

とてつもない要塞で特別に訓練された鉄人、といった趣さえする選手たちによる真剣勝負。それも、常に高校野球の最高峰に立ち続けて数々の名勝負を生んだＰＬ学園と、平成の怪物・松坂大輔を擁して史上五校目の春夏連覇を狙う横浜高校との果てしなき（延長十七回）過酷な死闘であった。

二十世紀を締めくくるにふさわしく、全国のファンに夢と希望と感動を与えることが出来たと信じて疑わない。

この名勝負を振り返るたびに強烈にクローズアップされ、また今後も語り継がれていくであろうあの松坂の熱投二五〇球。そしてPLと横浜の全ナインの顔は私の脳裏に鮮明に残っているだけでなく、高校野球を愛する人たちとともに生涯忘れることはないだろう。

その中にあって、ベンチでさい配を振るっていた私にとって、この試合で松坂とともに最も印象深い選手が一人いる。後藤武敏一塁手である。後藤がかかわった一つ一つのプレーがこの試合に影響を与え、延長十七回の名ドラマが生まれたと確信しているからだ。

PL戦を振り返ってみたい。

私は試合前、二、三点を争う接戦を予想していた。が、意に反して松坂が早くも二回裏につかまった。先頭打者に二遊間を抜かれ、その後も松坂の球種を待っていたかのようにタイミングを合わされ三点を失った。

捕手の小山良男と松坂が首をかしげながらベンチに戻ってきた姿をはっきり覚えている。

「おかしい」。松坂の投球内容は決して悪くはないのだが…。

実は、PLの三塁コーチャーに球種を読まれていたのだ。後にマスメディアに報道され、話題となったが、まさに横浜と同じようなハイレベルの野球をやっているなと、あらためて感心した。

しかし、わが方のメンバーも〝原因〟をつかみ取る確かな目を持っている。すぐに柴武志や加藤重之たちが突き止め、対応した。互いに、ベンチ入りした選手全員で、これまでに積み重ねてきた野球知識を総動員しての厳しい戦い、勝利への駆け引きを行っていた。

そんな中で、後藤一人が精彩のないプレーを続けていた。

まずは二回、センターからホームへの返球を後藤がカットしてしまったこと。ダイレクトであれば、ホームでアウトにできた。後藤は動揺してか、無意識にカットし、直後、ぼうぜんとして何も動けなかった。（実は後に録画で検証したところ返球はそれていた）

私はベンチに戻ってきた後藤を、「お前何をやっているんだ、このバカヤロー」と怒鳴りつけた。

攻撃面でも後藤は失敗を続けてしまう。

基本無視の相手に負けるな

横浜、四回表の攻撃の場面だった。先頭の加藤重之が二塁打で出塁した。続くのは三番の後藤武敏。三点を追う場面で、ノーアウトではあるが、後藤に打たせた。

このような場合はクリーンアップといえども進塁打、つまり右打ちを徹底的に練習してきた。だが、後藤は明らかに一発を狙うようなスイングで、レフトフライに終わる。

結果的には一死から小山良男の左中間へのツーランホームランで得点することができたが、強豪相手との試合だからこそチームバッティングがより必要となる。私は後藤を、またもしかりつけた。

四対五で一点を追う八回表、加藤がセンター前ヒットで出塁。そして後藤。今度はどうしても一点が欲しい場面だ。ここではバントのサインを出した。しかし、後藤は二球目を見逃し、三球目のバントがファウルとなって追い込まれ、結局浅いライトフライに倒れた。まったく精彩がなく、絶対にバントを決めてやるという熱意が伝わってこない。再び頭に血が上った私は言葉も荒々しく「後藤！　何やってんだ」と怒鳴り散らした。

その後、松坂もレフトフライに倒れてツーアウトに。そして小山が打席に立った時だった。信じられない光景が私の目に映った。

何と、一塁にランナーの加藤がいるにもかかわらず、ＰＬ学園の一塁手三垣君がベースを空けて後方に移動したではないか。通常、盗塁を防ぐために一塁手はベースに着いていていて走者をけん制しなくてはならない。

私はとっさに、加藤にスチールの指示を出した。だが、届かない。「何をやっているんだ！加藤、早く走れ」。私の大きなゼスチャーにやっと気づいたのか、ツーストライク・ワンボールになって走った。相手バッテリーがウエストしたが、楽々セーフだった。

私は、ＰＬが何か策を企てているのではないのかと、不思議な気持ちで相手ベンチを眺めた。たとえトリックプレーであろうと、こんな基本をばかにしているような野球をやるＰＬに対して絶対に負けてはならない…。私は、初めてこの試合で激しい勝負への執念に燃えた。

この大会に臨んで、周囲の過剰な期待に振り回されることを恐れ、選手にはお互いを信じ安心して戦う心構えを説いてきた。選手には帽子の庇《ひさし》に「全国制覇」「春夏連覇」「打倒ＰＬ」などの文字は書かないよう徹底した。ちなみに、松坂の帽子には「one for all」（一人はみんなのために）と書かれていたはずである。一生懸命戦って負けたら仕方ないという気持ちもどこかにあった。が、そうはいかなくなった。ＰＬには何が何でも勝つ。

そんなことを考えているうちに、小山が加藤を迎えるセンター前同点タイムリーを放った。そして試合は延長戦に突入した。

ミスを続けた主砲の目に涙

横浜は八回、同点に追いついて延長戦に突入した。だが、攻撃にミスを重ねた三番打者・後藤武敏（ＰＬ戦では後藤は三番打者）の個人プレーだけは許す気になれず、不信感が募るばかりであった。

延長十一回表。松坂大輔ヒット、小山良男バント。二塁へ走り込む松坂の姿を見て、表情は見えないはずなのに、私には目前に悲壮感漂う松坂の顔が大きくクローズアップされ痛々しく感じた。

次打者・柴武志に「この回で決めてくれ」と祈る気持ちで念じ、期待した。通じたのかセンター前ヒット。松坂は最後の力を振り絞るように激走に激走を重ねホームへ。クロスプレーではあったが辛うじてセーフ。執念の一点をもぎ取った。これでやっと勝てる、皆が大喜びだった。

しかし、その裏の守り。打者としても再三塁上に出ていた松坂の疲れは既に、限界を超えていたのであろう。二死二塁から大西君（オリックス）に簡単に打たれて六対六の同点になってしまった。

「もういい」。私はこれ以上、選手に、特に松坂に過酷な戦いをさせたくないという思いがよぎった。

春の選抜も優勝出来た。もう一つの大きな目標である秋開催の神奈川国体にもベスト8進出で出場が確実となった。そして、名門PLとここまで戦えれば監督冥利に尽きる。選手も本望であろう…。

「後は球運に託そう」。そう考えた途端、私の気持ちはすっと楽になった。
十二、十三、十四回と互いに無得点。それにしても松坂はどうなっているのだろう。相手投手は七回から代わっていたが、松坂は一人で投げ続けた。まさに怪物なのか。あるいはこんな素晴らしい試合を終わらせたくないと神様が演出しているかのようでもあった。
不思議な静寂感に包まれているように試合は進んだ。延長十八回引き分け再試合がちらりと頭に浮かんだ十五回表だった。願ってもないチャンスが訪れた。加藤重之が死球で出塁したのである。

続く打者は三番、後藤だ。今度こそ大丈夫だろう。「頼むぞ」と迷わずバントを命じた。当たっている次の松坂、小山のバットに期待したのだ。しかし、バントはむなしく小フライとなった。ＰＬ・上重投手の気迫あるダイビングキャッチで一塁走者の加藤も戻りきれず、一瞬にしてダブルプレー。こういうチャンスをつぶすと、相手に球運が傾くものだ。

私はここまでの後藤の失敗には奮起を促すために意図的にしかりつけていた。だが、このバント失敗は許すことが出来なかった。三十数年間、監督をしていて、めったにないことだが、頭に血が上り冷静さを失った。

後藤をダグアウトに引きずり落とし、殴らんばかりにののしった。「お前とはこの場で縁を切る。顔も見たくない」「松坂がかわいそうだろう」「おい、堀はいないか。後藤と代われ！」

後藤の目に涙が浮かんできた。その目は無言のうちに私に何かを訴えているようだった。私はその意味を後で知った。

何が何でも絶対に勝とう

延長十五回の表、願ってもない好機をバント失敗でつぶした後藤武敏に、私は怒り心頭に発した。罵声を浴びせた末、「堀はいないか。後藤と代われ」と怒鳴った私に、周囲から含み笑いが聞こえた。

「堀はもうスタメンで出てしまいました」とだれかの声で、我に返った。堀雄太は左翼で先発出場させ、途中で柴武志に代えたのだった。途端に照れ臭くなった私は、気持ちを切り替え全選手に向かってこう檄を飛ばした。

「こういう試合こそ絶対負けるな。何が何でも勝とうじゃないか」。八回の表、PLの一塁ベースを空けたプレーを目の当たりにして執念を燃やした時とは違った意味で、本当に選手たちを勝たせたくなったのである。

疲労困ぱいしていたはずの選手たちからも、私の檄にこたえるような信じられない気迫が伝わってきた。まるで、ミスした後藤をかばうかのように大きな声を出して守りについた。

ところが、後藤のミスは終わらなかった。

十六回表。満塁から加藤重之の内野ゴロで念願の勝ち越し点を挙げ、なおも二死ながら二、三塁の追加点機。ここで三番後藤に一本出れば勝利は確実になる。しかし投手ゴロに倒れた。この日、後藤は八打席でついに一本のヒットも打てなかった。それどころか…。

十六回の裏の守りだ。一死三塁のピンチ。PL三番の本橋君の打球は、投手松坂大輔のグラブをはじくもショートの名手佐藤勉が回り込んでキャッチ。三塁走者を目で確認して、一塁へ送球した。

その瞬間、俊足の三塁走者・田中君（横浜ベイスターズ）がホームを狙った。タイミング的にはアウトだ。暴走としか言えないプレーである。

打者走者・本橋君が一塁へヘッドスライディング。体勢をやや崩した一塁手後藤が本塁送球。それが大暴投となって、またもや振り出しに戻ってしまった。

「何でこう後藤ばかり絡むのか」――。私は怒りを通り越してあきれ、にらみつけるのが精いっぱいだった。

十七回表の攻撃。ベンチ前に円陣を組んだ。再び選手にこう言った。「この試合は絶対に勝とう。ここまできた以上、勝たねばならないんだ」。強く、強く訴えた。

勝利にこだわったわけではなかった。私の胸の内を言い表すのに、うまく言葉が出てこなかった。ただ、こういう試合だからこそ勝ちたいのだ、としか言えない。

円陣を解き、ベンチの所定の位置に戻った。その時、ついに信じられないことが起こった。甲子園の強烈な浜風に逆らって、劇的なツーランホームランが飛び出したのだ。

逆風突いての決勝ツーラン

甲子園の名物、浜風はライトからレフト方向へ流れる。その時も右から左へ強烈な風が吹いていた。

延長十六回にやっと勝ち越したかと思えば、その裏に追いつかれ、だれの頭にも「延長十八回引き分け再試合」のことが浮かんでいたはずだ。しかし私は十七回表の攻撃に移る前、ベンチ前での円陣で「ここまで来た以上、勝たねばならない」と激しく選手に訴えた。「目標は全国制覇だ」と、選手を前に初めて口にしたのもこの試合だった。

ＰＬ学園との死闘に決着を付ける――。私の思いはその一点だった。だが、こんな劇的な形でそれが訪れるとは。まさに信じられなかった。

十七回の攻撃も二死。一塁には敵失で得た走者柴武志がいた。打席には左の常盤良太。延長十一回に代打で出し、以後三塁を守っていた。ここまでの二打席は凡打だった。しかも左打者には逆風の浜風だ。

初球だった。鋭い金属音を残して、弾丸ライナーが右中間に。一気に観客席に突き刺さる強烈なホームランが飛び出したのだ。観客の大歓声でやっと本塁打と分かった常盤はガッツポーズで回った。

私はベンチ前で、すでにキャッチボールを始めていた松坂大輔を見た。その目に涙が浮かんでいたことを見逃さなかった。

その裏の松坂。常盤に感謝しつつ、気力を振り絞って三者凡退に切って取った。だが、よほど疲れていたのだろう。最後の打者を三振に仕留めても派手なポーズはなかった。

（延長十七回は八十回大会最長で、試合時間は三時間三十七分に及んだ。松坂は一人で投げ抜き、死力を奮った二五〇球は大きな感動を与えた。インタビューで、松坂は「絶対負けない」という気持ちだけでマウンドに立ち続けたという）

この高校野球史を飾るドラマは、逆に見れば攻守に失敗を重ねた後藤武敏なくしては生まれなかった。

試合後に分かったことであるが、主力の後藤は春夏連覇の期待にこたえようとして大阪入りしてからも連日連夜、信じられないほどの素振りを繰り返していた。既に二回戦あたりからバットを振れない状況で、この試合後の医者の診断では腰を疲労骨折していたのである。

準々決勝、後藤は腰の痛みと私の怒りに耐えながら最後まで戦ってくれたのだった。「後藤、許してくれ」。後から聞いて、私は心の中でそうさけび続けた。

（試合後、沸き返るナインをよそに一人で座り込んでいた後藤は「けがは関係ない。自分の持っているものを出せないのは気持ちが弱いからだ。チャンスで返せなかった分、次にぶつけたい」と唇をかんだ）

あすの準決勝、明徳義塾（高知）との戦いを前に、後藤にドクターストップがかかった。が、後藤はそれを押しのけてグラウンドに立ち大活躍するのである。

▽準々決勝

横浜

000 220 010 010 000 000 12＝9（延長17回）

030 100 100 000 010 000 10＝7

PL学園

「投げません」と明言した松坂

高校野球の最高峰に君臨していた名門PL学園を延長十七回、ついに破った。三時間三十七分、私と選手、横浜高校としてもかつて経験したことのない死闘の末に下したのだ。

この劇的勝利に興奮したのはわれわれだけでなく、スタンドで観戦していた高校野球ファンや報道関係者も同じであったろう。試合終了後の報道陣の沸き立つような勝利インタビューでは私と松坂大輔が答えた。

私の脳裏には既に明日の準決勝のことがかすんでいた。マスコミからはもちろん優勝の二文字を期待した質問が飛んだ。当然のごとく「明日も松坂は投げますか?」という質問も…。

このとき、私と三メートルも離れていない松坂にも同じ質問が飛び、私自身の耳を疑う言葉が聞こえた。

私はもちろん「投げさせません」と答えた。そして、松坂の言葉は「明日は投げません」であった。選手起用は監督が決めること。こうなると監督の権威などあったものではない。

高校野球といえば純真な態度で限界に挑戦していくところに多くのファンが魅力を感じてくれるはずだし、そこにはプロ野球とはまた異質な精神野球が存在すると信じている。だからこそ技術が未熟でも信じられないような感動的プレーが起こる、私はそう高校野球をとらえてきた。

松坂の「投げません」というインタビューの回答は、そんな私の考え方を覆すものだと感じたのだ。

しかし、冷静になってよくよく考えてみると、延長十七回、たった一人で二五〇球を投げ抜いた直後で、心身共にクタクタになっている松坂が〝意図的〟に放った言葉であろうはずがなかった。本当に限界を感じて率直に、それも自然に出た言葉であろうと察知した瞬間、急に松坂が気の毒になってきた。

おそらく私が「チームのために明日も投げろ」と命令すれば肩を壊してまでも投げていただろう。だが、松坂一人だけのチームではない。しかも、十年に一人しか出ない逸材と評価されている松坂をつぶす訳にはいかない。日本高野連の方針も投手の障害予防に積極的で、連投を避けるためにも複数の投手育成を勧めている。

私は松坂の言葉ではなく、自らの判断で明徳戦には登板させないことを決断した。とはいえ、この決断は大変な勇気が必要だった。全国のファンが期待している史上五校目の春夏連覇に「黄信号」がともりかねないからだ。

もう一つ不安材料があった。ＰＬ学園戦でボーンヘッドを繰り返していた後藤武敏が腰の異常を訴えてきた。元野球部長の青山梅麿先生にお願いして、西宮の整形医院で診察してもらったところ、腰の疲労骨折との診断であった。

それを聞いて私は、頭を鈍器で殴られたような衝撃を覚えた。松坂が投げなくても連覇をあきらめた訳ではない。うちの打線も素晴らしいものがあり、打撃戦に持ち込めば明徳に勝つ十分なチャンスがあると考えていた。

ボーンヘッドをした後藤とはいえ、三番打者という打線のかなめである。その上、私は後藤が骨折していたとは知らずに、ＰＬ戦での失敗の度に怒鳴りつけののしり、彼の人格を傷つけてしまった。

申し訳ないという気持ちと同時にむなしさが込み上げてきた。そして、こう考えた。選手たちは限界を超えて活躍してくれたんだ。これ以上何を望む―。とりつかれていた重いものからすっと解き放たれたように頭の中がすっきりした。

第五章　念願の春夏連覇。そして四冠へ

敗戦濃厚…それが一気に

準決勝の明徳義塾（高知）戦は超満員となった。前日のＰＬ学園戦の死闘に高校野球の原点をとらえたのだろうか。松坂大輔の熱投をまた見たさに、甲子園を埋めたのだろうか…。だが、その松坂の姿はマウンドにはなく、左翼を守った。観客を裏切った観が強いが、だれもがＰＬ戦での二五〇球を知っていたから、不平不満を言う人はいなかった。

先発は袴塚健次。松坂の陰で頑張ってきた二年生投手にかすかな望みをかけ、祈る思いで彼の投球を見守った。だが、明徳の強力打線には通じず、四回に一失点、五回にも二本塁打を浴びて〇対四に。その二本は無情にも松坂の頭上を越えていった。

予定通り同じ二年生投手の斉藤弘樹をリリーフに送ったもののさらに二点を追加され、八回表を終了して〇対六の大差をつけられた。しかも、横浜高校打線が七回までに放ったヒットはわずかに三本である。明徳のエース寺本君（千葉ロッテ）に完全に抑えられていた。

いくら疲れているとはいえ、あのＰＬ戦で驚異の粘りを見せた迫力ある打線は一体どこ

へいったのか。こんな試合をしていれば、甲子園球場に足を運んでくれている観客席からは無気力だとしてやじが飛んできても当然なのだが、不思議とそうした声は耳にしなかった。むしろわれわれを温かく見守ってくれているような雰囲気があった。

私自身も松坂は登板せず、打線のかなめの後藤武敏は疲労骨折をおしての出場で万全ではなく、気持ちのどこかに敗戦も覚悟していた。いま振り返ると、勝利への執着心は薄く淡々としていたように思う。

ともかく歯車がかみ合わないうちに八回裏の攻撃を迎えた。点差は六点。残すは二イニングのみ。今のチーム状態では勝利は不可能と悟った。

全員で春夏連覇を目指した日々…。センバツ優勝、県大会を制覇し夏の選手権に出場、キャプテン小山良男の宣誓、神奈川国体出場権獲得、好投手杉内君攻略、ＰＬ学園との十七回の死闘など素晴らしい思い出ができた。

私の脳裏に一瞬のうちにさまざまな思いが行き来する中、一つの結論を出した。「このチームで最後の試合ならば、チーム最高のメンバーで終わりたい」。有終の美を飾りたいと考えたのだ。

私はこう声を出していた。「おーい松坂、最後の一イニング投げられるか」。彼は「はい」と二つ返事でこたえ、そのままブルペンに投球練習へと向かった。

その瞬間だった。ブルペンから巻き起こった風が一気に巨大なハリケーンとなって襲ってきたような、表現し難い異様な雰囲気が球場を包み込んだ。

高校野球に携わって以来三十数年、甲子園は出場できなくとも毎年解説で来ており知り尽くしていると思っていた。そんな私でさえ初めての経験であった。「うぉーっ」という球場全体の声の圧力というか風圧とでもいうのか、ベンチに立っていられないほどの激しさ。

八回裏、守備についた明徳の選手たちもブルペンで投げている松坂の姿を見た。六点の大量優位だというのに明らかにそれまでの勢いは失せ、球場の雰囲気に気圧されていた。まるで、ヘビににらまれたカエルのようになってしまった。

私がそう感じた途端に、一番加藤重之の打球をショートがエラーした。それが大逆転のきっかけだった。

横浜打線一気に火を噴く

松本勉、後藤武敏、松坂と三連打で二得点。明徳はたまらず好投手・寺本君を高橋君に代えた。流れはガラリと変わる。暴投、代打・柴武志の安打などでさらに二点を追加した。松坂が最終回のマウンドに立った。ものすごい歓声である。

松坂は水を得た魚のようによみがえった。鉄人である。明徳三番からの好打順もまるで関係ない。「松坂コール」の大歓声が一球ごとに沸き上がる。先頭打者を三球三振に切って取る。あっという間、三人を十五球で仕留めた。もはやだれ一人、敗戦を覚悟するものはいなかった。

さあ、最後の攻撃。私は、この試合で初めて檄を飛ばした。「絶対にあきらめるな。思いっきりいけ」。ところが、そんな私の声はもう必要なかった。松坂が試合後に語ったように、選手たちは「ここで負けたらPLに申し訳ない」と燃えていたのだ。そして、球場の大観衆が横浜高校を後押ししていた。

勢いに乗った選手たちは「限界の限界」を超える力を発揮しだした。私もまた勝負師に戻っていた。

九番打者の佐藤勉がライト前ヒット。続く加藤は、右横手の高橋君に対して自らの意思で左打席に入り、初球をセーフティーバント。これが三塁内野安打になる。松本の送りバントも捕手のフィルダースチョイスを誘って、あっという間に無死満塁だ。

こんなことがあるのか。明徳のベンチ、そして守備陣が気の毒に思えたのは事実だ。「戦っている間は同情するな」と、私も自分自身にむち打って勢いに乗った。

ここで登場が三番の後藤だ。前日のＰＬ戦では腰の疲労骨折の影響で実力を発揮できず散々だった。この試合、後藤はドクターストップを振り切って満身創痍《そうい》のもと出場していた。

八回に追撃開始のタイムリーヒットを放っていた後藤はその痛さも忘れていたろう。私の指示はこうだった。「センターへ打ち返せ」――。

後藤は私のアドバイス通り、見事に気力の中前安打。佐藤、加藤が一気に生還する二点タイムリーで同点に追いついたのである。

続く逆転劇も、甲子園の女神が演出したとしか思えない不思議なものだった。

「初めて神を信じた」

続いて打席に立った四番松坂に、私は野球のセオリー通り送りバントを命じた。松坂はきっちりと決めて、一死二、三塁に。小山良男は四球で再び満塁となった。

明徳のマウンドにはまた主戦の寺本君が戻った。前日のＰＬ学園戦のヒーロー常盤良太は三振に倒れ、二死に。さすが、寺本君だ。

ここで登場したのが七番柴武志だった。途中から代打で入った選手だ。私は柴に「とにかく転がすように」と指示を出した。

ところが、打球は力のないフライとなってふわふわと飛んでいった。私は、これでまた延長かと思った。

その瞬間、飛球は必死に追っていたセカンドの頭上を越えてぽとりと落ちた。何が何だか分からないなか、逆転のランナーがホームベースを踏んだ。サヨナラ勝利……。

明徳の選手たちも何が起こったのか分からない状態でその場に立ちすくみ、やがて地に突っ伏した。ぼうぜんとしてまったく動けない明徳の選手たちをしり目に、われわれはまさかの大逆転劇を喜ばずにはいられなかった。

甲子園全体も我々の演じた奇跡にものすごい拍手と声援でエールを送ってくれた。

信じられない思いで私は感動に満たされた。試合をあきらめたのはほんの十数分前か。松坂の存在が球場を盛り上げて地鳴りのような声援を沸き起こし、明徳の選手たちに異様なプレッシャーをかけ、そしてわれわれチームメートには不思議な力を注いでくれたといっても過言ではない。

終了後、勝利の校歌を聞きながら、こんなワンサイドゲームから逆転できるパワーを持つチームを誇らしくも、信じられない思いで見つめていた。私は初めて神を信じた。

この試合だけは何度振り返っても、言葉では言い尽くせない。野球の恐ろしさをしみじみと感じる。甲子園は本当に不思議な所である。魔物が住んでいるというが、われわれは甲子園の女神を呼び起こしたのだと思った。

この球史に残る名試合を演じることが出来た横浜高の選手、そして特に明徳の選手たちに心から感謝したい。

（当日の神奈川新聞は「メークミラクル　ハマ熱狂」の大見出しでこの奇跡の逆転劇を報じた。試合後、主将の小山良男は「一点目を取れれば逆転できると思っていた。今まで負けたことがなかったので最後まで負ける気がしなかった」と話している）

▽準決勝

明徳義塾

000 131 010＝6

横浜

000 000 043x＝7

先制本塁打に武者震い

ＰＬ学園との延長十七回の死闘、明徳義塾には絶体絶命からの奇跡の大逆転…。いずれも素晴らしい相手に恵まれたからこそ。成し得た感激はひとしおだった。横浜高校が巻き起こしたこの夏の旋風は、低迷気味の高校野球に再び多くのファンを引き付けたといってもいいだろう。

八月二十二日、いよいよ決勝戦の朝を迎えた。春夏連覇の夢が現実となるまであと一勝に迫ったのである。選手も私も連日、劇的試合を積み重ねて制してきただけに、「絶対に負けない」という自信に満ちており、暗示にかけられたかのように落ち着いていた。

甲子園球場に我々を待ち受けていたのは予想以上のファンであった。超満員の五万五千人。平成の怪物・松坂大輔が決勝戦の晴れ舞台でどういう投球を見せてくれるのか。さらに二つの迫力満点のドラマを演じた横浜が京都成章（京都）を相手にどのような試合を展開するのか、その瞬間を一目見ようと押し寄せてきたのだろう。

入場券は試合開始一時間以上も前に売り切れ、球場周辺はパニック状態であった。

私の友人らは阪神電鉄・梅田駅で札止めに遭い、乗車さえ出来ない状態に。多くの人とともに駅職員ともみ合いになりながら結局、あきらめて横浜に帰らざるを得なかったと聞いた。

また、阪神高速道路も神奈川、京都方面からの車の列が滋賀あたりで合流して大渋滞に。中には試合時間に間に合わないと判断して、途中で車を放置したまま電車に乗り換え強引に球場入りしたファンもいたし、電車にも乗れずに引き返した人も…。

こうした周辺の大騒ぎにもかかわらず、われわれは不思議なくらい冷静であった。言葉には表さなくとも、個々の胸には「優勝」の二文字しかなかった。

とはいえ、過去に勝利を意識し過ぎて委縮してしまった苦い経験があったために、私は選手たちには「さあ、最後の試合だ。大いに楽しめ」という言葉を送った。

京都成章は古岡投手が一人で投げ抜き、堅実な守備力で勝ち上がってきた、これも素晴らしいチームである。しかし、私は松坂の出来が多少悪くても、二、三点あれば絶対に勝てると確信を持っていた。

午後一時、試合開始。予想に反して三回まで投手戦となり、お互いにノーヒットであった。さすがに、夏の決勝だ。絶対的な自信とは別に、この緊張感こそさい配を振るっていた私にとってぞくぞくするような、たまらない魅力であった。

互いに譲らぬ展開の中、均衡を破ったのは四回裏、横浜の攻撃だった。意外や、全く長打力とは無縁の二番打者、松本勉がレフトオーバーの先制本塁打を放ったのだ。

練習試合でも松本の本塁打は記憶にない。こんな選手がこんな場面でホームランを打つとは…。

また、何かが起こる。私はベンチの中で、武者震いを抑えることが出来なかった。

チームの「完成」を実感

さらに五回、この回先頭の斉藤清憲の安打を生かして、ラストバッター佐藤勉がしぶとく右前に落とすタイムリーで一点を追加した。

京都成章の得点はゼロ。スコアボードを見ると、もちろん「ゼロ」が並んでいる。加えて、安打の合計を示す数字も、「ゼロ」のまま動いていない。

回を追うごとに、「もしかしたら?」という期待が胸を覆っていく。決勝戦でのノーヒットノーラン。まさか、そんな…。しかし、その言葉を口にする者はまだいなかった。

松坂大輔は、目標が大きければ大きいほど燃えるタイプである。過去にもさまざまな難局を乗り越えてきた。私は、彼の帽子のひさしに書いてある「ワン・フォア・オール」(一人はみんなのため)を思い出した。この日のピッチングは、仲間を信じ淡々と投げ続けており、力みがない。

やはり、何かが起こる。それが現実に、近づいてきているような感じがして、またあの緊張感が私の体の中を電流のように流れ刺激していた。

「監督として、私はなんて幸せなやつだ」。ＰＬ学園、明徳義塾との戦いとはまた違った意味で異様な雰囲気に酔いしれていた。

満員の観衆も、何かを期待しはじめていたに違いない。決勝戦の無安打無得点は大変な記録である。回を追うごとに、横浜の選手も気づきはじめ無言の期待と、一方ではそれぞれの役割の重さをひしひしと感じていた事と思う。

ノーヒットノーランを達成するためには、一つのミスも許されない。打球に対して、エラーをしてはならない。エラーかヒットかは、紙一重の場合がある。試合前の私の楽観的な気分は逆に不安でいっぱいになってきた。

そんなぴりぴりした雰囲気が充満した八回表の守りだった。四球で許した走者を背負った一死一塁から、京都成章の七番打者・三富君の打球は一、二塁間に転がり、ライト前に抜けそうになった。

悲鳴と歓声が交錯する中、先制本塁打を放って気を良くしている二塁手・松本が絶妙な瞬発力で回り込んだ。腰を痛めていた一塁手・後藤武敏も打球を追ったが、松本の動きを確認すると必死で一塁に戻った。松本からの送球は間一髪でアウトに。

私の抱いた不安はいっぺんに吹き飛んだ。選手らはそれこそ平常心で戦い、普段通りのプレーが出来ている。この時、このチームは「完成した」と実感した。

これまで、県内でも甲子園でも力がありながらプレッシャーに負け、勝利を逸した試合が何度あった事か。自信がよみがえった私は全選手に信頼を寄せた。

超満員の観衆も、素晴らしい投手戦と堅実な守備力との戦いを見て、前日までとはまた違った展開に興奮を覚えてくれたに違いない。

ノーヒットノーランは必ず成し遂げられる。だれもが確信した一瞬のプレーであった。

快記録、新たな伝説に

横浜高は八回裏に二死二塁から斉藤清憲がセンター前にタイムリーヒットを放って貴重な一点を追加。三対〇となった。がぜん、球場全体が騒がしくなってきた。さあ、九回表の守り。ラストイニングだ。

やはり高校生か。松坂は意識したのか少しコントロールが鈍り四球を出してしまった。

ところが、松坂は捕手の小山良男をはじめバックのナインに笑顔を見せる余裕があった。

「ワン・フォア・オール」。松坂はもちろん、選手たちがこの言葉を実践し集大成としての大記録達成は目前であった。一人ひとりが大きく頼もしく感じた。

振り返れば松坂が二年生の夏の県大会、自らの力で勝とうと独り相撲を取り、サヨナラ暴投で負けた。試合後、ベンチで最後まで泣きじゃくる松坂の姿が鮮明によみがえってきた。

絶対に勝て、いや勝てる。「ワン・フォア・オール」が完成するときだ。私がずっと描いてきた高校野球の原点「全員野球」がここにある。

二死一塁。京都成章三十人目の打者に対して、ツーストライク・ツーボールに追い込む。通路もすべて埋め尽くされた超満員の甲子園球場が、まるで息を飲んだような静寂に包まれた中、最後の一球が小山のミットに―。

スライダーだ。最高のボールがミットに収まる乾いた音が響いた。球審の右手が上がり、見逃し三振。やった。決勝戦でのノーヒットノーランというとてつもない大記録で、春夏連覇を達成した。

思えば、開会式で小山がこう宣誓した。「多くの人々に生きる勇気と希望を与えることができるように全力でプレーすることを誓います」。その通りの横浜の戦いぶりだった。マスコミは史上最強、新たなる伝説誕生と絶賛した。だが私はそれよりも、力を持ち、同時に「おれが、おれが」と個性の強い若者たちが一つになったことが何よりもうれしかった。

長かった監督生活が頭をよぎった。甲子園に来ても勝てずに悩んだ。県大会の決勝で三年連続で敗れたこともあった。「渡辺、辞めろ」と罵声を浴びたことも。時代が変わり自分の手法では結果が出せないのかと悩み、監督辞任まで決意した日もあった。

史上五校目の春夏連覇は、こうした苦しみの日々の中で理想と描いてきた高校野球がまさに形になった瞬間であったと思う。

「目標がその日その日を支配する」。横浜高校創立者、黒土四郎先生がわれわれの高校生時代に好んで教えてくれた言葉である。いつしか私の座右の銘とし、今日まで一貫して野球部の選手たちに伝えてきた。

今ここに、創立者の意志が、選手たちによって実践され、その答えを証明してくれた。校長、部長、コーチ、そしてこれまで支えてくれた女房、家族に感謝の気持ちを捧げたい。

▽決勝
京都成章
000 000 000＝0
000 110 01×＝3
横浜

国体出場で有終の美を

史上五校目の春夏連覇を成し遂げた横浜高校に対して、全国の高校野球ファンはもちろん、野球を知らない老若男女までがこの快挙に酔いしれた。全国的な社会現象と言っても大げさでないほどだったが、特に地元神奈川はオーバーヒート気味に興奮が渦巻いた。

当初、このチームを結成した時の目標は直後の、「かながわ・ゆめ国体」に出場することだった。それを成就し、平成十年という区切りのよい節目の年に監督として有終の美を飾って、引退したいと考えていたからである。

ところが春夏連覇の偉業に対して社会的反響が大きく、大会が終わってもマスコミの取材はものすごかった。特に、エースの松坂大輔は「平成の怪物」として、その後の動向に過激な取材合戦が繰り広げられた。

その上、松坂、小山良男のバッテリーはアジアAAA選手権大会に出場。同時に横浜高校では秋からの新チームを構成しなければならない状態であった。

松坂たちがとてつもない成績を収めた直後だけに、後輩たちのチームも全国注視の中、そう恥ずかしい試合は出来ない。秋の県大会、関東大会を制覇してセンバツの紫紺の大優勝旗を全員で返還したいという願いは大きい。

つまり、AAA大会での松坂らの活躍、新チームの県・関東大会での優勝イコール春のセンバツ大会出場、国体優勝―というまたまた難行を同時に達成しなければならない。それこそ春夏連覇よりも至難の業であると考えた。

私はといえば相変わらず、県、横浜市、OBらその他もろもろの関係者へのあいさつ回り、祝賀会、またAAA大会懇親会への出席と多忙を極めた。グラウンドにすら出られない状態で、私の頭の中は国体のことなど入らないほど混乱していた。

そんな時、本校野球部の知恵袋、小倉清一郎部長が一つの解決策を見いだしてくれた。「俺が責任を持って新チームを担当する。国体に向けての練習は出場の三年生の自主性に任せよう。監督は安心してあいさつ回りを続けてくれ」

小倉は国体への部長登録はしないで、新チームの育成と国体期間中の外部との接触窓口になってくれた。国体の部長は青山梅麿先生が担った。私とのコンビは横浜高・愛甲時代の復活でもあった。

こうして、かながわ・ゆめ国体に向けてスタートを切ったのである。

ただ、国体の硬式野球の部は、大和引地台球場と平塚球場の二球場が舞台であった。熱狂的なファンのすべてを収容するには狭かった。

ファンがおしかけて入場制限に

国体の高校野球（硬式野球の部）はどちらかといえば楽しく、お祭り気分の雰囲気があった。が、かながわ・ゆめ国体は夏の甲子園大会の熱気をそのまま移したかのような雰囲気に包まれた。

甲子園での延長十七回のＰＬ学園戦、奇跡の大逆転の明徳義塾戦、そしてノーヒットノーランの決勝・京都成章戦…。横浜高校の活躍の再現を期待して、それこそ北海道から九州まで熱狂的なファンが神奈川に駆けつけてきた。

横浜の試合は常に超満員で、入場制限となるほど。この異常事態に、日本高校野球連盟の田名部事務局長も驚きを隠さなかった。

十月二十六日、われわれがもっとも恐れていたことが、大和引地台球場で起こった。横浜高が初登場した対日南学園の試合であった。入場者一万一千人は九六年の球場完成以来、最多を記録した。

徹夜組も出た球場周辺は、入場できないファンでごった返していた。そうしたファンに納得してもらうのが県高校野球連盟の理事の先生方である。国体は県の主催であるから今回は会場地の大和市がその任に当たっていたはずだが、職員の皆さんは経験がない。そこで理事がフル回転した。

球場に入れない人たちは、しぶしぶ聞き入れたが、試合終了後、松坂大輔たちを一目見たいと辛抱強く球場入口で待っていた。その数、数百人。それだけではない。スタンドの観衆が試合終了と同時に玄関口に殺到したのである。

我々は大会本部の指示に従って、球場内に待機していた。既に一時間近くも経過したころだった。玄関口で理事の先生方とファンの激しい口論が起こり、球場の中にも聞こえてきた。

試合を見る事が出来ず、ひたすら玄関口で待っていたファンがしびれを切らしたのである。

大会本部はさらに緊急対策を練り、その指導の元でわれわれにグラウンドから出てくれ、との事だった。選手も疲労困ぱいし限界にきており、本部の指示に素直に従った。

その指示とは、まず日南学園のナインが最初に表玄関を出る。その時間と同時に横浜高校は球場内を通り抜け外野のセンター方向から脱出せよというのだ。そこにはタクシーも用意されていた。

もちろんスタンドには誰もいない。われわれの動きは分からないはずだ。しかし、大勢のファンの中には鋭い感覚の持ち主もいた。センターの出口で数人が待ち構えていたのである。

その中の一人が携帯電話でわれわれの脱出作戦を仲間に知らせたのだろう。気づいたファンが表玄関の方から走って押しかけてきた。間一髪早く、タクシーで抜け出すことが出来た。

しかし、まだ続いた。タクシーからスクールバスに乗り換えたのだが、そこまで追いかけてきたファンがいた。英国のダイアナ妃がパパラッチに追われて事故死したが、そんな場面を思い出してしまった。数人の熱狂的ファンがバスを追い、危険極まりなかった。

（松坂と小山良男らは九月中旬に甲子園球場で開催されたアジアＡＡＡ野球選手権に日本代表として出場した。九月十四日、日本は決勝で台湾と対決、松坂が完投して二対一で優勝した。松坂は最優秀選手に輝き、誕生日を自ら飾った）

大勝でも松坂を投入

国体で横浜高の初戦は、日南学園が相手。超満員の大和引地台球場の先発マウンドは二年生の袴塚健次に任せた。松坂はライト。

実は、これ以前に行われた秋の新人戦で、横浜高の新チームは県大会を制して関東大会への出場を決定している。関東でベスト４に入れば来春の選抜大会で、甲子園に紫紺の大優勝旗を全員で返還できる。

それどころか「春夏春の三連覇」という「夢また夢の世界」への挑戦が可能となるのだ。ついい、数日前まで国体を「有終の美」で飾り、引退したいと決意を固めていたにもかかわらず、監督としての欲深さというか、自分のモラルを疑い恥ずかしくも思った。

でも、他人には決してできないこと。チャレンジしてみたい。それには新チームのエースとなる袴塚がこの試合で好投し、関東大会へ自信をつなげてくれたらと希望した。

私の思惑はいきなり外れた。○対二とリードされる展開となり、余計な夢は考えず、当初の目標通りかながわ・ゆめ国体での活躍、すなわち目の前の一試合に全力を注ぐことにした。

春夏連覇のわがチームはここでも強い。二点差にも動揺せず、すぐに三対二と逆転。松坂は五回からリリーフして、十奪三振。甲子園で見せた怪物ぶりを発揮して観衆を魅了した。

次の相手は、名門・星稜高校であった。翌日の十月二十七日、平塚球場に場所を移しての準決勝だ。皮肉なことに、対戦する星稜と平塚市内の宿舎は同じである。

夏の甲子園では三回戦で当たった相手。星稜のベテラン山下監督は夏の敗戦を意識されたのかあいさつ程度で多くを語らず、それだけ雪辱を期しての緊張感が漂っていた。何しろ甲子園では、松坂が十三の三振を奪い、五対○と完封していた。

試合は、星稜の意気込みとは別に、横浜の打線が爆発した。初回、いきなり松本勉の先制本塁打、小池正晃のスリーランが飛び出し超満員の平塚球場はもう大騒ぎ。一方的な展開となり、十八対二と圧勝した。

この日も先発は松坂ではなかった。試合内容からして、登板させなくてもよかったが、多くの観衆が松坂の投球を一目見たいと期待していることが分かっていた。出さないわけにはいかないムードだった。

松坂登板にはもう一つ理由があった。平塚は私の出身地であり、横浜高校の平塚後援会も存在する。また、この地の小学校で野球の手ほどきを受けた恩師も今だ健在である。私の高校時代の監督、笹尾先生もおられる。私情をはさんではいけないことは十分に承知しているつもりであるが、日本一のプレーを、松坂の怪腕を見せてあげたいと考えた。ささやかながら、恩返しである。

こんな気持ちになったのは初めてだった。松坂よ、監督のわがままを許してほしい…。自問自答しながら、九回、松坂をマウンドに送った。

松坂は二安打されながらも、三者を三振で射止め、試合終了。平塚のスタンドのファンは大喜びであった。松坂ありがとう、選手諸君ありがとう。私も喜びを爆発させた。

▼硬式準々決勝

日南学園（宮崎）

110 000 000＝2

001 010 01×＝3

横浜

▼硬式準決勝

星稜（石川）

000 101 000＝2

535 102 20×＝18

横浜

国体決勝で甲子園の再現

十月二十八日。いよいよ国体の決勝戦である。相手は、三カ月前の夏の甲子園でも決勝を戦った京都成章であった。その時は、松坂大輔が史上に輝くノーヒットノーランの快挙を演じている。京都成章の汚名返上に燃える気迫はものすごく、われわれにもひしひしと伝わってきた。

会場の平塚球場には、夏の甲子園の余韻をもう一度味わおうと、前日の準決勝よりさらに増えて一万六千人の観客が押し寄せた。平塚球場の過去に、これほどの観客を動員した記録はないと聞いた。

泣いても笑っても、この日がこのチームで戦う最後の舞台である。そう考えると、急にむなしさだけが込み上げてきた。

振り返れば、一年前にスタート以来まだ負け知らずの最強のチームである。いろいろな思いが去来して、ゲームに突入する前からなぜか、感情が高ぶって抑えることが出来なかった。この試合に勝てば、高校野球史上初めての「四冠達成」、前人未踏の四十四連勝、故郷平塚への凱旋…などなどから来ていたものだろう。とにかく早くゲームに入って、優勝で最後の幕を閉じたいと願うばかりであった。

私自身、監督としても総決算の試合である。もちろん、平成の怪物・松坂を先発のマウンドに送り、最強メンバーで臨んだ。

一回表。今度こそ松坂からヒットを打ってやるとの意気込み鋭い京都成章の攻撃が始まった。三番打者の田中君がレフト前に打ち返した。甲子園から数えて初めてのヒットであった。スタンドの観客もよく知っている。相手ベンチとともに大歓声が上がった。

横浜は初回、先頭の加藤重之の二塁打を足場に、四番松坂が中前に先制タイムリー。二回にも加藤が長打して一点を加えた。が、大量点は奪えず、試合の流れはスタンドの熱気に後押しされるように接戦となった。

松坂は冷静に三振の山を築いていった。三連投の京都成章・古岡投手も好投、緊迫した投手戦が続いた。

七回、京都成章はその古岡君がタイムリーを放ち、松坂からついに念願の一点を奪った。

私は一瞬、本当に四冠達成など出来るのだろうか、そんなによいことが続く訳はない…と感じた。しかも、この大会には名参謀の小倉清一郎部長はベンチ入りしていない。最後の最後にきていっぺんに不安が押し寄せてきた。

観客も、横浜の〝地元〟とはいえ、京都成章の堅実なプレー、高校生らしいマナーに対して温かい拍手を送っていた。

そんな状況の中で、最終回を迎えた。京都成章の攻撃。心の内に不安を抱えて指揮を取っていれば、ピンチは訪れるものだ。

松坂は一死一、二塁の危機を迎えてしまった。しかも一点差であった。

四十四連勝で不敗神話が完結

かながわ・ゆめ国体への出場、そして優勝は新チーム発足時の目標の一つであった。

思い起こせば、松坂大輔らのチームは秋の新人戦（秋季県大会）を制し、関東大会で優勝し、この資格で明治神宮大会に出場してこれを制覇。そして、夢であり希望でもあった春と夏の甲子園を連覇し、全国の頂点を三度極めた。残すはただ一つ、当初の目標である地元国体での優勝であった。

結局、新チーム結成以来一試合も負けることなく、国体決勝戦に臨んだのであった。総決算ともいうべき最後の試合も、横浜高校が二対一と京都成章をリードして、最終回を迎えていた。ところが、頼みの松坂が一死一、二塁のピンチを招く。一打同点、長打を許すと逆転の危機だ。「そんなによい事ばかり続くはずがない」という不安な気持ちが、私の胸によぎったことは間違いない。

私は頭を振った。何を迷っている。今まで選手を信頼し、安心というキーワードを元に戦い続けてきたではないか。松坂を信頼しろ、ナインに任せろ—。

「ワン・フォア・オール」の松坂の言葉を信じた途端、私の不安は自信へと変わり、冷静にその局面を捕えることが出来た。わずかに数分の迷いであった。

その瞬間、松坂は最後の二人をいとも簡単に三振に切って取った。

一九九八（平成十）年十月二十八日。史上初の四冠達成を成し遂げた。実に四十四連勝、前人未到の大記録。「不敗神話」完結の瞬間である。

平成の怪物、松坂は一点を失ったものの奪三振十六個という驚異の数を記録した。この役者ぶりは見事。まるで自分を主人公に、自分自身でストーリーを描いたかのような素晴らしいフィナーレであった。

たった一球のサヨナラワイルドピッチの悪夢から始まった松坂の挑戦が、彼自身を、そしてチーム全体を一回りもふた回りも大きくして、最強のチームとなった。自らが手放した「勝利の重さ」が勝つことへの執念となってチームを成長させてくれたといっていい。

大正時代の思想家・後藤静香氏の「第一歩」という詩をあらためて取り上げたい。横浜高校の創立者であり私の恩師でもある黒土四郎先生が人生の教訓として私にたたき込んでくれた。私はこれを座右の銘とし、一貫して野球部の選手たちに教えてきた。こうである。

富士山に登る第一歩
三笠山に登る第一歩
同じ一歩でも覚悟が違う
どこまで登るつもりか
目標が

その日その日を支配する

創立者の教えが、松坂たちによって実現された。横浜高校の監督に携わることが出来て、こんな幸せな監督はいない。

四冠達成は一人ではできない。素晴らしい選手たちはもちろん、そのご家族、最も信頼するコーチに恵まれ、学校当局、後援会、高校野球連盟などなど多くの力添えがあってこそだ。感謝の気持ちでいっぱいである。

▽かながわ・ゆめ国体高校硬式決勝（平塚＝一九九八年十月二十八日）

京都成章（京都）
000 000 100＝1
110 000 00×＝2
横浜（神奈川）

雰囲気が優しくなられても、漂う風格

横浜高校卒業生　松坂大輔

先日、公式戦としては八年ぶりに横浜スタジアムのマウンドで投げました。高校時代の思い出がたくさん詰まった球場ですので、渡辺元智監督とのことをはじめ、とても多くのことが感慨深く思い出されます。

「同期の小山や小池たちと一緒に甲子園に出たい」という理由で横浜高校に入学しましたが、入学前は渡辺監督がどのような方なのかは、先輩である松井光介（東京ヤクルト）さんから伺った以外、ほとんど存じあげませんでした。私の第一印象は目の力をすごく感じて「この人に逆らってはダメだな」ということでした。ただ、グラウンドを離れたら、とても優しい方でした。

入学当初は体重が十キロ近くオーバーしていました。したがって痩せさせるため、体力をつけるためにレギュラークラスの先輩たちと同じランニングメニューを課されて面くらいましたが、一ヶ月もすると長距離も走れるようになりました。一方で長所を伸ばす練習も行い短所克服と併せて、うまく両方が並行してできました。また三年生のセンバツで優勝してから一時期、投球禁止を指示されるなど、選手の特徴を上手く把握される渡辺監督ならではの指導のおかげだと感謝しています。

二年生の春からエースナンバーをつけたのですが、当時は自分が背番号1をつけるのが当たり前だと少し天狗になっていました。監督は、簡単にそういう私の気持ちを見抜いていたのでしょう。「上級生が付けていた背番号1の重さ、責任を自覚しろ」と何度も言われました。技術や勝敗についてよりも、人としての礼儀や態度の大切さについて監督が口にされることの方が圧倒的に多かったです。それが最近になって本当に理解できるようになりました。

私が高校時代、一番印象に残っているのは二年生の夏の神奈川大会準決勝戦（対横浜商業戦）です。この試合は私の暴投が決勝点となり敗退したのですが、もし勝って甲子園に出場していたら「たぶん九八年の春夏連覇はなかったと思う」と渡辺監督がおっしゃられました。私は何かきっかけがないと動くことができない性格なので、この敗退が翌年の自分の姿をつくったのだと思います。

渡辺監督とのお付き合いは十一年になります。学生の時とは見方も接し方も異なりますが、最近は雰囲気が優しくなられました。後輩の涌井（西武）と監督のことを話しても、私の頃より優しくなった、怒らなくなった（もっとも、今の学生は怒ったらダメだと小倉部長さんがおっしゃっていましたが）という印象は持ちます。ただ、今でも一種近寄りがたい風格は感じます。

今年のセンバツを制して甲子園通算五度目の優勝を遂げられましたこと、本当におめでとうございます。ただ六十一歳になられたのですから、これからはお体のことも十分に留意されてください。それと練習を見に行って今の部員たちに思うことは、もっとできるはず、だからもっと気持ちを強く持って頑張ってもらいたいということです。そしてその先にある勝利をいつも信じています。

わが人生シリーズVOL．1　医師ひとすじ

田中忠一　著

神奈川新聞の「わが人生」欄に58回にわたって連載されたものに加筆・修正を加えた。赤ひげ先生を地でいった父の思い出や、小児科医として川崎の公害病に取り組んだ足跡などを振り返る県医師会会長の激動の半生。

■四六判192頁／1，260円（1，200円＋税）

わが人生シリーズVOL．2　スカイラインとともに

櫻井眞一郎　著

1957年に初代スカイラインを世に送り出し、7代目までの開発に携わった著者の自叙伝。名車の名をほしいままにしたスカイラインに対する、著者の熱い思いがひしひしと伝わってくる。巻末には初代から7代目までのスペックと著者自身のコメントと、今では貴重な初代と2代目のカタログを抜粋して掲載。

■四六判228頁／1，575円（1，500円＋税）

酒と涙と男と天ぷら

原　成男　著

横浜で5代続く老舗の天ぷら店「天吉」の主人・原成男さんのエッセイ集。神奈川新聞紙上で連載したコラムに加え、書き下ろしの「特別講義！天ぷらのおいしい食べ方と作り方」や妹の原由子さんのあとがき「兄の背中」など軽妙な読み物。

■B6変形判170頁／1，050円（本体1，000円＋税）

著者略歴
渡辺　元智（わたなべ・もとのり）
横浜高校野球部監督。1944（昭和19）年、松田町生まれ。1968（昭和43）年に母校の監督に就任。甲子園春夏合わせて５度優勝。1998（平成10）年には春夏連覇はじめ高校４冠達成。横浜市金沢区在住、61歳

わが人生３　いつも滑り込みセーフ

2006年７月１日　初版発行
2006年７月20日　第２版発行
著者　渡辺元智
発行　神奈川新聞社
〒231-8445　横浜市中区太田町２-23
電話　045(227)0850（出版部）

Printed in Japan　ISBN　4-87645-382-9　C0095